O LIVRO BÁSICO DO TAI CHI

Paul Crompton

O LIVRO BÁSICO DO TAI CHI

Tradução
ALÍPIO CORREIA DE FRANCA NETO

EDITORA PENSAMENTO
São Paulo

Título do original:
The Elements of Tai Chi

Copyright © Paul Crompton, 1990
Publicado pela primeira vez na Grã-Bretanha em
1990 pela Element Books Ltd., Longmead,
Shaftesbury, Dorset

Edição	Ano
1-2-3-4-5-6-7-8-9-10	94-95-96-97-98

Direitos de tradução para a língua portuguesa
adquiridos com exclusividade pela
EDITORA PENSAMENTO LTDA.
Rua Dr. Mário Vicente, 374 — 04270-000 — São Paulo, SP — Fone: 272-1399
que se reserva a propriedade literária desta tradução.

Impresso em nossas oficinas gráficas.

Sumário

Introdução 7
1. A História do Tai Chi 11
2. As Posturas e os Movimentos do Tai Chi 30
3. A Pressão das Mãos e o Combate 78
4. As Armas do Tai Chi 88
5. O Tai Chi e as Artes Marciais Associadas 103
6. Chi Kung 121
7. O Tai Chi e o I Ching, a Teoria do
   Yin e do Yang, os Cinco Elementos 141
8. A Poesia do Tai Chi 161
9. Medicamentos e Alimentação à Base de Ervas .. 167
10. O Tai Chi e a Respiração 174
11. O Tai Chi Hoje 181

Bibliografia 184
Glossário 186

Introdução

Mover-se lentamente, à sombra das árvores; respirar, aparentemente, em harmonia com uma brisa suave; fundir-se com a própria Natureza num ritmo benéfico; a cabeça, os ombros, os braços, o tronco, as pernas e os pés se movendo como um só; contínua, suave e repousadamente; como se a pessoa estivesse nadando num elemento novo, que impregna todas as coisas; um tempo diferente, um espaço diferente...

Pouco valem as palavras, que apenas são uma tentativa de transmitir a experiência de realizar os movimentos do Tai Chi Chuan, a arte chinesa dos exercícios brandos e delicados. No Ocidente, o uso abreviou a expressão completa para Tai Chi, e essa abreviação será utilizada neste livro. Diz-se que esta arte é filha dos ensinamentos taoístas, porém sua origem desapareceu em meio às brumas do passado. Descrever essa arte do movimento lembra um pouco tentar descrever música com palavras; essa tentativa talvez esteja destinada ao fracasso, mas, apesar de tudo, ela não deixa de ser interessante.

A história do próprio Taoísmo lança algumas luzes sobre a história do Tai Chi, pois ambos revelam dois níveis de entendimento da parte daqueles que foram seus adeptos no passado e que os seguem atualmente. O nível mais antigo e mais profundo do Taoísmo professava um modo de entender o homem e o relacionamento dele com o universo indicando que toda tentativa humana de "fazer" ou de interferir com a ordem natural das coisas era um erro, fundado na ignorância das obras do Tao. Este, o Caminho do Céu, se mostrava na ordem natural das coisas, e o homem só podia perceber essa ordem natural tornando-se uno com ela; não a analisando e manipulando. Os que seguiam o Caminho Taoísta eram chamados de Homens do Tao. (Um som muito próximo da pronúncia do "Tao" é "Dow", como na palavra inglesa "how" [como].) O aspecto tardio, degenerado, da *religião* taoísta tornou-se um misto de magia, ocultismo, manipulação da energia e "ação"— métodos de interferir na ordem natural em vez de se submeter a ela.

A abordagem mais pura do Tai Chi é essencialmente uma abordagem para seguir a forma mais antiga da filosofia taoísta por meio do movimento. Às vezes, o Tai Chi é conhecido como meditação no movimento. Porém a arte foi contaminada com muitas outras influências, estranhas à sua natureza, e isso será explicado neste livro. Obviamente, os dois níveis de entendimento não se limitam ao tema do Tai Chi ou do Taoísmo, mas parecem figurar em todo contato humano com os Caminhos Tradicionais.

Hoje em dia, o Tai Chi nos faz lembrar apenas que, numa época, as pessoas que tinham um conhecimento real do lugar do homem no universo estudaram e praticaram essa arte. Não se trata de uma afirmação sombria, na minha opinião, mas de um simples fato. Por toda a história da China, taoístas eminentes e desconhecidos exerceram influência sobre o comportamento e o pensamento em muitos níveis da sociedade. A influência foi sentida por estudiosos, fazendeiros, cãs mongóis e imperadores. Contudo, essa época passou, a fonte secou, e hoje nos deparamos com uma situação em que aqui e ali, em diferentes partes do mundo, existem alguns taoístas respeitados e alguns mestres de Tai Chi; entretanto, todo o contexto em que o Taoísmo teve a sua origem e floresceu, e em que o Tai Chi foi introduzido, não existe mais. Essa arte chinesa do movimento é como um dedo que aponta para a lua.

Há diversas linhas presentes neste livro, e elas representam vários pontos de vista. Uma dessas linhas é oriunda da minha própria experiência de mais de vinte anos de estudos sobre Tai Chi e sobre outras abordagens da vida interior da humanidade. Uma outra linha foi tirada dos escritos e das experiências dos mestres, dos escritores e dos estudantes de Tai Chi. Uma terceira linha surge das palavras de estudiosos tais como o professor Fung Yu-lan, autor de uma *Short History of Chinese Philosophy*,[1] livro que recomendo a todos os que estudam o Tai Chi e que desejam fundamentar o conhecimento que têm. No livro, o autor ressalta o fato de que a filosofia chinesa se expressa na forma de aforismos "sugestivos". A brevidade desses aforismos se destina a despertar o "pensamento reflexivo", e contrasta com as declarações "articuladas" da filosofia ocidental, que tem por escopo ser tão exata e explícita quanto possível. Esse contraste entre sugestão e expressão articulada se difundiu no estudo e no ensino do Tai Chi de um modo que gera confusão. Encontramos nos escritos de alguns mestres do Tai Chi, sobretudo nos modernos, um misto de fatos, informações equívocas, sabedoria, fantasia e imagens poéticas. Espero que este livro ajude a esclarecer um pouco os conteúdos desse coquetel capaz de confundir a mente.

Os aforismos sugestivos da filosofia taoísta intentam criar uma disposição de ânimo em que são realizados os movimentos do Tai Chi. Devido às influências do Ocidente, tem havido certo influxo de *sugestões articuladas* que têm sido tentadas — uma contradição em termos. Não pode haver nenhuma explanação articulada para a disposição de ânimo necessária. O melhor e mais famoso livro sobre a sabedoria taoísta é o *Tao Te King*.[2] Os versos iniciais são: "O Tao que pode ser expresso por palavras não é o verdadeiro Tao." Todo o livro cria uma disposição de ânimo, uma atitude para com a vida, e os sábios ditos que são utilizados nos livros de Tai Chi deveriam ser abordados da mesma forma. Eles são como muitas varetas de incenso de aromas distintos, todas queimando a um só tempo para produzir um olor total. Este olor deveria compor os movimentos do Tai Chi.

Dessa maneira, diversas linhas aparecem neste livro, criando, assim se espera, uma tapeçaria do Tai Chi tal como a que qualquer estudante da arte podia tecer para si. Para nós, ocidentais, isso é melhor do que tentar adotar ou a abordagem sugestiva ou a abordagem articulada exclusivamente, porque proceder dessa forma seria algo artificial. Precisamos encontrar o nosso próprio entendimento do Tai Chi.

1. A História do Tai Chi

O povo chinês emigrou e se estabeleceu em quase todos os países do mundo. Isso significou que a cultura chinesa deitou raízes em toda parte, e essa cultura inclui a arte do Tai Chi. Por conseguinte, qualquer história teria de ter proporções enciclopédicas se quisesse ser abrangente. Em segundo lugar, embora haja atualmente apenas três escolas principais de Tai Chi — a escola Chen, a escola Wu e a escola Yang —, há um grande número de escolas e derivados menos importantes dessas três principais correntes. Toda escola ou estilo realiza os movimentos de sua própria maneira característica; por essa razão, documentar as dezenas de variações haveria de se afigurar trabalho impossível, em parte porque diversas dessas variações não foram registradas, e o estilo, em alguns casos, desapareceu. Em terceiro lugar, é difícil separar relatos verdadeiros da história do Tai Chi do que é lenda, rumor e fantasia. Esses três fatores notáveis fazem da tarefa de fornecer uma história que seja exata e resumida do Tai Chi um verdadeiro problema para qualquer escritor. Assim sendo, apresento neste livro um apanhado do que fui capaz de verificar, e de antemão peço desculpas por quaisquer omissões ou por erros aparentes aos estudantes de Tai Chi e aos mestres que, na maior parte, se aferram muito às crenças deles sobre a linhagem e a formação dessa arte.

11

Todos os relatos da história do Tai Chi fazem menção ao lendário Chang San-feng. Foi ele um Taoísta Imortal; homem excêntrico, brincalhão, com mais de dois metros de altura, notável lutador, sempre desleixado na aparência, e senhor de uma força imensa. Por ser imortal, ele podia ter existido em qualquer época, e muitos depoimentos sobre a sua vida e referências feitas sobre ele confirmam isso. Cem anos antes da dinastia Ming, no século XIII, ele é descrito como tendo sido o amigo de um homem famoso, Liu Pingchung (1216-1274), um monge ch'an ligado a Kublai Khan. Na dinastia Sung (960-1279) Chang San-feng aparece de época para época. De 1368 a 1398, supõe-se que ele tenha viajado para Szechwan. Durante suas viagens, ele ficou com certa família, e costumava se sentar em meditação no jardim dessa família. Certo dia, ele plantou algumas mudas de ameixeira no chão enquanto lá se sentara, e as mudas floresceram imediatamente. Tempos depois, ele foi avistado na província de Shantung passeando montado numa garça-azul em pleno vôo. Em 1459, o Imperador Ying-tsun o declarou santo. Foi-lhe conferido o nome de Mistério Imortal e Penetrante e Transformação Reveladora. Desatento à proteção imperial, Chang continuou a vaguear, aparentemente sem quaisquer objetivos exteriores, porém sempre alimentando o processo interior da própria imortalidade permanente. A região do pico Wu-tang, situada ao norte de Hopei, que foi um dos locais em que ele ficou, devia se tornar conhecida na história do Tai Chi. Na época, essa região já servia de morada a eremitas taoístas, e era o lar de Hsuanlang, o deus da Guerra, que tinha um santuário erguido ali em sua honra. Nos dias que antecedem a dinastia Sung, o título dele fora o de deus do Norte.

Durante o período Yung-lo, um alto comissário foi enviado pelo imperador para procurar a região do pico Wu-tang e tentar encontrar Chang. Por um período de treze anos, entre 1407 e 1423, provavelmente tendo passado três anos inativo a fim de descansar, o desafortunado comissário procurou, porém jamais alcançou o seu objetivo. A explicação dada pelos estudiosos em alguns casos para a demorada busca de Chang é que os imperadores e os homens em posição elevada estavam ansiosos para estabelecer vínculos com ele, e para o cumular de honras, porque semelhante associação haveria de os ajudar a ter um lugar ao sol junto com a glória de Chang. Tal ânsia pela glória refletida também é a razão que se apresenta para a relação que se estabeleceu entre Chang e as origens do Tai Chi. Os estilos exteriores e difíceis das artes marciais chinesas foram associados ao fundador da seita budista Ch'an, Bodhidharma, e se pensou que o estilo interior do Tai Chi necessitasse de um fundador que tivesse igual estatura — a saber, Chang San-feng. De fato, a despeito de toda a sua grandeza, Bodhidharma era um simples mortal...

A referência mais antiga que se conhece ao nome de Chang San-feng como praticante das artes marciais é encontrada na biografia de um famoso mestre de boxe da época, Chang Sung-ch'i, que viveu no século XVI, em Ning-po. (A palavra "boxe" traduz a palavra chinesa "ch'uan", embora esta signifique mais coisas do que simplesmente lutar com os punhos; de preferência, ela significa todo o estudo, o treinamento e a filosofia dos modos das artes marciais.) Chang Sung-ch'i disse que aprendera a sua arte com um alquimista chamado Chang San-feng, que viveu como eremita nos picos de Wu-tang. O alquimista, por sua vez, aprendera com o Imperador Negro, durante um sonho muito vívido que tivera. Posteriormente, ele se valeu das técnicas que lhe foram participadas desse modo estranho para derrotar cerca de cem salteadores. O nome dado aos métodos de luta utilizados por Chang Sung-ch'i não é Tai Chi, como se poderia esperar, porém "nei-chia" ou "escola interior/esotérica". Alguns escritores têm asseverado que Nei Chia e Tai Chi são a mesma coisa; entretanto, os mais imparciais afirmam tratar-se de um engano. Parte da evidência para refutar essa ligação advém de um epitáfio feito para certo Wang Cheng-nan, no século XVII, no qual se lê que Chang transmitiu seus métodos de luta de mestre para mestre, até que eles voltaram ao próprio Wang Cheng-nan. Desde essa época, a região do pico de Wu-tang tem sido associada ao Nei Chia, o estilo interior, e por causa da relação (provavelmente errônea) estabelecida entre o Nei Chia e o Tai Chi, a região também acabou sendo associada ao Tai Chi. Os movimentos das duas artes diferem, e não há referências às palavras Tai Chi nos escritos sobre Nei Chia, tampouco elas são empregadas.

Dessa forma, se Chang San-feng realmente viveu, ele presumivelmente esteve ligado apenas ao Nei Chia. Autoridades no período Ming, tais como Anna Seidel, doutora em História da China, e mestres de Tai Chi como o dr. Tseng Ju-pai [Chiu Yen] propõem que a confusão intencional ou não-intencional dos nomes foi a causa do problema. Existiram dois homens com nomes semelhantes. Primeiramente, houve o Wang Tsung, mencionado no epitáfio, vindo da província de Shensi; em segundo lugar, houve um Wang Tsung-yueh da província de Shansi, que, como se diz, foi o fundador do estilo Chen do Tai Chi. A escola de Nei Chia de boxe interior, da qual Wang Tsung era um membro, foi encontrada na província de Chekiang, e a escola de Tai Chi de Wang Tsung-yueh foi encontrada na província de Honan. Com razão, os leitores concluirão que, aqui, navegamos em águas por demais turvas!

Em alguns livros sobre Tai Chi, você encontrará uma versão dessa história, e em outros livros a variante, dependendo da escolha e dos conhecimentos do autor. As pessoas que apreciam histórias que se confundem com lendas haverão de procurar Chang San-feng, e os que preferem se ater aos fatos não farão caso dele, ou haverão de o deixar pairando no ar, que era, afinal de contas, a sua segunda morada!

Uma outra teoria sobre as origens do Tai Chi é a de que ele teve início durante a dinastia T'ang (618-907). Diz-se que havia quatro escolas distintas de artes marciais e exercícios utilizando movimentos semelhantes. O fundador da primeira escola foi certo homem chamado Hsu Hsun-ping (Hsa Suan-ming), um eremita. O estilo dele era chamado de Três Gerações e Sete, e ele consistia em trinta e sete posturas que continham Oito Trigramas nos movimentos do braço, e os Cinco Elementos nos movimentos da perna (ver Capítulo 7). Acreditava-se que o seu estilo estava baseado na compreensão do I Ching.

A segunda escola foi conhecida com o nome de Long Ch'uan ou o Boxe dos Grandes Punhos. O fundador desse estilo de movimento foi Tao-tzu, outro Imortal. Supunha-se que foi um homem muito relutante em falar. Ao se encontrar com alguém, as únicas palavras que ele dirigia à pessoa eram "Boa Sorte!". Das outras duas escolas, há ainda menos coisas para dizer, exceto que elas foram criadas por Yin Li-hsiang e Cheng Ling-si. A teoria prossegue afirmando que Chang San-feng integrou as quatro escolas numa única escola, para criar o Tai Chi. Entretanto, nenhuma das escolas levou o nome de Tai Chi nem de coisa parecida, e é procedimento comum dos estudiosos e dos professores não levar em conta essa segunda teoria.

A terceira afirmação dá o crédito pela fundação do Tai Chi a Wang Tsung-yueh de Shansi, a quem se fez menção anteriormente. Assim como um aventureiro errante do Velho Oeste, certa feita ele passou por uma aldeia da família Chen, na província de Honan, entre os anos de 1736 e 1795. Ele se deteve para assistir a alguns dos habitantes da região exercitando-se nas artes marciais, e depois prosseguiu a fim de lavar a poeira que lhe cobria a boca e se instalar na hospedaria do povoado para passar a noite. Por ser um viajante, foi ele objeto de respeitosa curiosidade, e logo se viu envolvido em conversas. Ele fez uma breve observação sobre o tipo de artes marciais praticado naquele povoado, e isso deu ensejo a um grande número de desafios por parte dos habitantes da aldeia Chen. Wang os aceitou, e derrotou a todos. Seu método de luta era "suave" ou interior, sem contar exclusivamente com o vigor e a força. Isso impressionou a fraternidade Chen, e os líderes da aldeia pediram a Wang que continuasse entre eles para os ensinar. Ele concordou, e isso assinalou o começo do estilo Chen do Tai Chi na China. Entretanto, essa história não menciona o lugar em que Wang aprendeu a arte dele, tampouco com quem a teria aprendido. Antes de prosseguir com a história do estilo Chen, seria necessário fornecer uma quarta teoria das origens do Tai Chi.

Esta teoria é o relato mais apreciado pelos descendentes da família Chen, principalmente pelo fato de ele ser a fonte de inspiração para criar o Tai Chi de uma vez por todas para a família Chen e por não se apoiar na figura de forasteiros. A fundação do Tai Chi, segundo essa teoria, ocorreu durante a dinastia Ming (1368-1654). Essa tendência que têm os chineses de conservar as coisas no círculo da própria família é bem característica de todas as artes marciais deles. Ainda assim, no caso da família Chen, dá-se crédito a outros estilos de artes marciais em que Chen Wang-t'ing, o fundador, baseou sua criação. As duas últimas teorias são as mais amplamente aceitas nos dias de hoje. De ambas, a maioria dos escritores e dos mestres apóia o ponto de vista de que Wang Tsung-yueh foi o fundador do Tai Chi. Admitidamente, houve outras formas de exercício, de artes interiores, de movimento suave e fluente, muito antes de Chen ou Wang terem nascido. Porém, quando se chega a definições, é preciso estabelecer o limite em algum lugar. Os antigos gregos lutavam com os punhos usando luvas com enchimento de pedaços de metal cortante; esses combates por vezes levavam à morte. Contudo, dificilmente poderíamos chamar isso de boxe.

Foram feitas tentativas para se colocar Wang Tsung-yueh numa posição irrelevante, mas conta-se uma história interessante sobre Yang Lu-ch'an, o fundador do Tai Chi de estilo Yang, que ajuda a conservar a imagem de Wang. Yang disse que ele era um discípulo de Chen Chang-hsing (1771-1853) da aldeia Chen Chia Kou. Chen aprendeu com Chiang Fa, que, por sua vez, aprendeu com Wang. Evidências que testificam esse fato foram dadas, para assim dizer, por Wu Yu-seong (1812-1880) um discípulo de Yang Lu-ch'an. Wu foi visitar o irmão, que morava na província Honan. Isso significava que ele haveria de passar por lugares não muito distantes da casa do mestre do próprio mestre dele, Chen Chang-hsing. Ele decidiu ir e prestar sua homenagem ao venerável mestre do seu próprio mestre. No caminho, encetou uma conversa com um nativo que lhe disse que mais um membro da família Chen, chamado Chen Ch'ing-p'ing, estava ensinando uma forma superior de Tai Chi. Wu se desviou do seu caminho uma segunda vez, a fim de assistir a esse prodígio. Permitiram-lhe assistir ao treinamento que estava sendo feito, e ele ficou tão impressionado com o que viu que acabou desistindo do seu estilo Yang durante algum tempo, e começou a estudar a nova forma de estilo Chen.

Durante sua estada na região, ele se deparou com um vendedor de sal no distrito de Wu Yang. Esse homem disse que ele tivera um livro escrito por Wang Tsung-yueh, e que o irmão de Wu comprara o livro dele. Wu se apressou para ver o irmão e pediu para ler o livro. Ele revelava que Wang Tsung-yueh ensinara de fato a família Chen. Wu estudou profundamente o livro, treinou em companhia de Chen Ch'ing-p'ing e sucessivamente escreveu o próprio livro sobre a arte. Seu primeiro mestre, Yang Lu-ch'an, ficou bastante impressionado com ele a ponto de aceitar um exemplar como um presente e também de providenciar que cada um dos seus discípulos recebesse um. Do prefácio escrito por Wang Tsung para o seu próprio livro transparecia o fato de que estivera por muitos anos interessado em aperfeiçoar sua técnica com a lança e, de modo mais relevante, que ele morara na província de Honan, perto da aldeia da família Chen envolvida.

Desde 1949 os chineses têm promovido as artes marciais deles em larga escala, e têm se empenhado em reunir histórias e genealogias de cada arte. A genealogia atualmente apresentada da China continental não faz menção a Wang Tsung-yueh nem a Chiang Fa. Em vez disso, o crédito pela criação do Tai Chi é dado a Chen Wang-t'ing. Isso talvez se deva, no entanto, a influências desconhecidas de ordem interior em vez de a fatos históricos. Na maior parte das genealogias criadas fora da China por escritores chineses que provêm da China pré-revolucionária, Chen é apresentado como sendo o discípulo de Chiang Fa que, por sua vez, recebeu ensinamentos de Wang Tsung-yueh. Além do mais, embora o Wu Yu-seong, mencionado acima em algumas cartas como um discípulo de Yang Lu-ch'an, em outras ele é retratado como sendo um discípulo de Chen Ch'ing-p'ing. De fato, ele foi discípulo de ambos. Wu criou o próprio estilo, totalmente reconhecido, qual seja, o estilo Wu, e provavelmente este está mais próximo do estilo Chen do que do estilo Yang.

É possível delinear a história do Tai Chi mais bem documentada começando com Chen Wang-t'ing. Ele estudou diversas artes marciais quando jovem, e transmitiu à aldeia Chen os métodos seguintes. Ele combinava a respiração profunda e a profunda concentração mental com exercícios imitando movimentos de animais que encontramos nas características do Chi Kung do estilo Chen. Ele estudou as teorias da medicina tradicional chinesa, e criou movimentos de volta, de arco e de espiral que pareciam estimular a energia Chi que percorre os pontos da acupuntura. Ele introduziu movimentos que se alternam entre os dois extremos do yang, o rígido, e do yin, o suave. Ele também inventou os dois exercícios de treinamento de Pressão das Mãos (ver pág. 78). O uso da lança do Tai Chi, em particular os métodos da "lança que se fixa" (ver pág. 98), foi desenvolvido por ele. Por fim, ele se entregou às explanações e elaborações das teorias que lidavam com a forma e o porquê do Tai Chi. A vida dele termina com uma nota triste, tanto quanto nos é dado dizer. Escreveu ele: "Todos os benefícios a mim concedidos agora são inúteis! Hoje, velho e fraco, só me acompanha o livro de 'Huang Ting'. A vida consiste na criação de posições de boxe quando nos sentimos deprimidos; consiste em levar a cabo os trabalhos nos campos na estação devida, e em passar as horas ociosas ensinando os discípulos e as crianças a fim de que eles se tornem membros de destaque na sociedade."[3] Mesmo assim, ele assentou as bases de um estilo que se desenvolveu, que prosperou e que proporcionou uma vida saudável e satisfação a milhares de pessoas.

Entretanto, nem todas as novas formas de movimento do Tai Chi criadas por Chen Wang-t'ing sobreviveram. Ele comunicou sete posições das séries fixas de boxe do Tai Chi. Depois de apenas algumas gerações, havia poucas pessoas capazes de concluir o roteiro de treinamento. Os membros da família Chen só conseguiam realizar a primeira e a segunda formas do programa de exercício *solo*, o treinamento com a lança que se fixa e a pressão das mãos. Durante essa época, o que continuou do trabalho de Chen se dividiu em duas partes. Chen Yu-pun criou o Novo Estilo, que abolia as técnicas mais difíceis. Chen Ch'ing-p'ing criou um estilo mais lento, e ele era mais contido nos seus movimentos. Depois disso, houve três estilos de Tai Chi da família Chen: o que permaneceu do Velho Estilo, o Novo estilo de Chen Yu-pun e o estilo Chen de Chen

Ch'ing-p'ing. Ignora-se quais sejam as datas exatas, porém as mudanças ocorreram em alguma época durante a segunda metade do século XIX.

Wu Yu-seong, que começara a estudar o Tai Chi com Yang Lu-ch'an e que posteriormente se dirigiu a Chen Ch'ing-p'ing, fundou o próprio estilo Wu, que, como veremos a seguir, tornou-se conhecido como o Velho Estilo Wu. Os discípulos da sua técnica de Tai Chi dignos de menção foram Hao Wei-chen (Estilo Hao) e Sun Lu-t'ang (Estilo Sun).

O famoso fundador do estilo da família Yang, Yang Lu-ch'an, supostamente obteve acesso aos segredos estritamente guardados da família Chen espionando-os oculto num lugar favorável e memorizando o que vira. Só depois de dez anos tentando aprender por si próprio, ele foi finalmente descoberto pelos membros da família Chen, que fizeram com que ele lhes desse mostras do conhecimento que havia adquirido. Tamanha era a sua perícia e fidelidade à arte que ele foi aceito na condição de estudante — um raro avanço naqueles tempos. Ele aprendeu o Velho Estilo, mas pouco a pouco o transformou e o adaptou como um método para se conservar em boa forma em vez de como um método para a luta. Esse estilo Chen modificado foi aprendido pelo terceiro filho de Yang Lu-ch'an, Yang Chien-hou, que o ensinou com o nome de Estilo do Meio. O terceiro filho de Yang Chien-hou, Yang Cheng-fu, estudou sob a orientação do pai e alterou os movimentos com um estilo lento, contínuo e gracioso a que chamou de Grande Estilo.

Os leitores que acompanharam essa história um tanto tortuosa haverão de convir que é aqui que penetra os domínios da arte algo que se aproxima do que no Ocidente se considera espírito taoísta. Até a chegada da família Yang, e até mesmo no período em que ela promovia o Tai Chi, os movimentos dessa arte variavam em velocidade, em força e em agressividade. Eram eles muito voltados para a luta. Parece que Yang Cheng-fu foi útil quando adaptou os movimentos a um ritmo harmonioso, e, dessa forma, isso levanta questões sobre a historicidade do Tai Chi como um método taoísta, e também sobre o ponto de vista ocidental com respeito ao que o Taoísmo verdadeiramente é. Esses aspectos serão examinados posteriormente.

O Grande Estilo tornou-se a base da *maior parte* das técnicas de Tai Chi praticadas atualmente no Ocidente. Esse estilo é mais conhecido em duas formas *solo*; a Forma Longa e a Forma Curta de Cheng Man-ch'ing. Quando nos voltamos para o destino que teve o estilo Chen, descobrimos que os remanescentes do Velho Estilo foram levados para Pequim em 1928 por Chen Fake. Dessa época em diante, esse ramo do estilo Chen passou por diversas mudanças, no entanto ainda sobrevive e prospera na China nos dias de hoje. Figuras de destaque entre os discípulos de Chen Fake são Feng Zhiqiang, que nasceu em 1926, e Chen Xiaowang, nascido em 1946. Além de Cheng Man-ch'ing, expoentes modernos de destaque do estilo Yang foram Chen Wei-ming e Tung Ying-chieh.

Tanto quanto podemos conceber, há dois estilos Wu desenvolvidos atualmente. Um é o Velho Estilo de Wu Yu-seong, que no começo estava baseado nos estilos de Yang Lu-ch'an e de Chen Ch'ing-p'ing. O outro, criado a partir de Wu Chien-ch'uan, um discípulo de Ch'uan Yu que aprendera com Yang Lu-ch'an. Esse segundo estilo chegou em Cingapura, e é popular nessa região.

Esse complexo resumo da história do Tai Chi, em termos de quem teria ensinado quem, fornecerá ao leitor certa idéia das dificuldades do assunto como um todo. Se descrever a história dentro dos limites dos três estilos principais é coisa tão difícil, imagine o leitor como seria uma pesquisa sobre todos os estilos secundários! Portanto, basta dizer que o estilo Chen da arte foi a base original para todos os estilos que existem, tanto quanto nos é dado saber. A informação procede de diversas fontes, e sempre há a possibilidade de erros. No entanto, essa é a ossatura da história; e quais seriam os músculos? E quanto aos homens e mulheres que estudaram essa arte e que tanto contribuíram para ela? O que estavam eles procurando? Quanto teriam estudado? Todas essas são perguntas interessantes, e uma seleção dos relatos haverá de conferir mais substância à ossatura da genealogia. É preciso considerar que relatos que tais sofrem todos a influência da imaginação — em alguns casos, a vontade de exaltar a pessoa envolvida e de diminuir as deficiências bem conhecidas da memória do homem.

Cheng Man-ch'ing, nome que por vezes é escrito como Cheng Man-jan, merece um lugar especial neste capítulo, devido à enorme influência que sua doutrina e seus escritos exerceram sobre o Ocidente. Em parte, essa influência se deveu à sua inequívoca perícia e compreensão, mas também ao fato de que os ocidentais não podiam circular pela China continental depois da revolução. Se fossem capazes de fazer isso, outros eminentes mestres de estilos diferentes teriam sido descobertos e exaltados nos países ocidentais, e todo o quadro do Tai Chi no Ocidente teria sido diferente.

Cheng nasceu na província de Chekiang em 1901. O pai dele morreu quando ele era ainda uma criança, e Cheng recebeu grande influência da mãe, que lhe ensinou poesia e caligrafia. Ele também freqüentou a escola perto do Monte Kuang-lu, e nas suas horas vagas visitava templos budistas nas cercanias. Cheng era senhor de uma memória extraordinária, e conta-se que, com cerca de nove anos, memorizara os clássicos da doutrina de Confúcio. Um grave acidente ocorreu quando um tijolo que se desprendeu de um muro caiu na sua cabeça. Ele entrou em coma profundo por dois dias. Os prognósticos eram ruins, e todos esperavam que ele morresse; foi quando um mestre em artes marciais apareceu em cena, certificou-se de que fora mesmo o tijolo a causa do ferimento, e em seguida partiu para as montanhas vizinhas. Ele voltou com algumas ervas e com elas fez aplicações no jovem, que jazia inconsciente. Cheng recobrou a consciência. A princípio, o seu cérebro não se recuperou de todo, e, segundo Tam Gibbs, que por muito tempo foi discípulo e companheiro em meio ao círculo de Cheng, "o jovem Cheng havia perdido totalmente a memória, e parecia um vegetal".

Contudo, ele se recuperou lentamente, e com cerca de quatorze anos, já se achava suficientemente versado na pintura, a ponto de com ela ser capaz de sustentar a família. Seu aprendizado nessa arte fora incomumente rápido. O mestre dele, Wang Hsiang-chan, reconheceu e lhe estimulou os talentos inatos. O dom da pintura encontrava ressonância nos campos da medicina, da caligrafia, dos estudos clássicos, da poesia e das artes marciais. Antes de Cheng abraçar as artes marciais, ele sofreu de reumatismo, beribéri e tuberculose; esta última enfermidade alcançou um estágio em que ele chegou a ter hemoptises. Nessa época, tinha ele mais ou menos vinte e cinco anos. Não se esperava que sobrevivesse a essa doença, que se alastrava pela China naqueles tempos. Depois disso, um amigo o apresentou a Yang Cheng-fu que, na época já se havia tornado famoso pela sua perícia no Tai Chi. Cheng começou a estudar essa arte, e a sua saúde melhorou. Assim que isso aconteceu, ele parou de treinar, e a doença voltou. Entristecido com a tolice que fizera, Cheng começou a treinar de novo e sua saúde melhorou até ele se tornar um homem forte. Escreveu ele: "Passei a considerá-lo [o Tai Chi] como sendo algo mais importante do que a comida ou do que o sono",[4] e desse dia em diante ele passou a treinar diariamente sem interrupções. Para onde quer que fosse, sua perícia na pintura, seu aprendizado e sua arte do Tai Chi o acompanhavam, e faziam com que ele fosse alvo de admiração, proporcionando-lhe o apoio dos demais, além de novos discípulos. Em Taiuã, ele fundou a Escola Shr Jung de Tai Chi. Cheng morreu em Taipei, no dia 26 de março de 1975.

O primeiro e o mais antigo discípulo de Cheng, que se tornou mais do que um discípulo, foi T'ung Tsai Liang, que nasceu na província de Hopei no ano de 1900, um ano antes do seu mestre. Liang ficou em companhia de Cheng por vinte anos, e se tornou um respeitado mestre por seus próprios méritos. Ele trabalhou para Cheng nas Nações Unidas, em Nova York, e também deu aulas no Boston College, na Universidade de Harvard, em Amherst e em outras faculdades americanas. Entre os seus colegas no curso de Tai Chi, estavam William C. C. Chen e Benjamin Lo, ambos professores famosos nos Estados Unidos. Liang também estudou pintura, caligrafia e tradução, bem como escreveu sobre os clássicos. Alunos americanos desses dois homens foram Tam Gibbs, Jonathan Russell, Jerry Kuehl e Stuart Olave Olsen, para dar apenas alguns nomes! Eles e outros têm mantido viva a chama do Tai Chi desenvolvido por Cheng.

O que caracteriza a forma de treinamento do Tai Chi transmitida por Cheng, tanto quanto podemos imaginar, é a sua suavidade, a sua humanidade e a relativa limitação dos movimentos quando comparados aos amplos movimentos de Yang Cheng-fu, o seu mestre, e de Chen Wei-ming. Uma história comum contada durante muitos anos entre os praticantes de artes marciais chinesas é a de que Cheng fez mudanças no que aprendera com Yang, e criou a própria Forma Curta em benefício dos estudantes ocidentais que ele, de início, imaginava fossem incapazes de realizar a Forma Longa, mais vigorosa, ou não se dispusessem a realizá-la. Mas esse é um ponto discutível, que provoca animados debates quando vem à tona.

Os praticantes de artes marciais chinesas são peritos em ocultar um movimento no outro, e isso em tal extensão que os principiantes se vêem totalmente frustrados. À proporção que você adquire mais experiência nas artes marciais, e começa a arar o solo dos conhecimentos que recebeu, você começa a compreender essa presença do movimento dentro do movimento. O filme de Cheng, que é "pirateado" em todo o mundo, para um estrangeiro não alude ao seu poder latente. Os movimentos são lentos, exatos e visivelmente inofensivos; eles são até mesmo capazes de curar. Todavia, um aspecto digno de nota é a profundidade da postura de Cheng; ou seja, o joelho dobrado para baixo, em parte encoberto pelo roupão comprido e leve que ele usa. Tal postura profunda retém o poder nas pernas, e esse poder pode ser transmitido à mão quando a pessoa empurra, ou desfere golpes. No mesmo filme, ele é retratado afastando diversos assaltantes e resistindo ao ataque desses mesmos homens, que investem todos de uma só vez, transmitindo por vezes a impressão de ser detentor de uma força oculta.

Cheng conferiu às artes marciais no Ocidente um forte dinamismo. O escritor Robert W. Smith[5] estudou com Liang, o primeiro aluno de Cheng, e depois com o próprio Cheng, e ele conhece muitas histórias sobre Cheng às voltas com homens que tinham o dobro do seu peso e que o atacavam; mesmo assim, ele não tinha nenhuma dificuldade em neutralizar as investidas dos adversários. Atualmente, há diversos estudantes que aprenderam com os alunos de Cheng e de Liang. Os livros escritos pelo próprio Cheng sobre o Tai Chi difundiram de modo admirável sua mensagem pessoal; porém, morto o mestre, é coisa difícil conservar a mensagem na sua essência. O meu ponto de vista — pois conheci alguns dos discípulos dele vindos da Europa, dos Estados Unidos e de Cingapura — é o de que tem aumentado certa tendência em enfatizar excessivamente a suavidade, sobretudo na área da Pressão das Mãos. Tal fato está por trás da dificuldade que há na boa transmissão dos conhecimentos do Tai Chi em grande escala. A não ser que você possa estudar em companhia de um mestre consumado, e apreender uma percentagem de *todo* aspecto da arte dele, você corre o risco de seguir um ou dois aspectos, enfatizá-los e se inclinar apenas a uma tendência.

Embora eu tenha a certeza de que eles devam existir, eu próprio não conheci nenhum descendente da escola de Cheng que desse a impressão de ser livre em seus movimentos ao chegar à técnica da Pressão das Mãos. Aparentemente, a procura da suavidade nos movimentos pode levar a um tipo de tensão ou de hesitação, a uma falta de disponibilidade para o risco. Isso é explicado por uma afirmação atribuída a Cheng, quando lhe perguntaram por que seus discípulos não se aproximavam dele em perícia. Cheng disse que eles não tinham fé. Eles não acreditavam num dos seus ditos prediletos, qual seja o de que a pessoa deveria "investir na perda". Isso significa dispor-se a perder o equilíbrio a fim de o encontrar; estar disposto a se render para, assim, achar a liberdade.

Wang Pei-sheng, de Pequim, nascido em 1910, é um descendente direto, na arte do Tai Chi, de Ch'uan Yu, que por sua vez foi um discípulo de Yang Pan-hou, filho de Yang Lu-ch'an. A ele pertence um dos estilos Wu. Ch'uan Yu fez parte de um grande número de guarda-costas designados para a família real chinesa. Ele veio da Mandchúria, e começou a estudar com Yang Lu-ch'an. Um dos últimos membros da sua linhagem foi Yang Yu-ting, e Wang Pei-sheng tornou-se discípulo de Yang Yu-ting.

Os dias que Wang dedicava ao Tai Chi são dignos de reflexão; ele costumava levantar-se da cama às três da manhã e sair para a praça Tianamen, onde ele se exercitava sozinho nas formas do Tai Chi e nas suas armas. Isso durava até seis horas, quando as portas do Grande Templo se abriam, e ele adentrava os cômodos que alojavam a Sociedade de Estudos de Tai Chi. Este atualmente é conhecido como Palácio Cultural dos Trabalhadores. Ali, Wang ajudava seu mestre dando aulas no primeiro ano de Tai Chi até oito horas. Nesta hora, um grupo de pessoas anciãs e doentes entrava, e essas pessoas assistiam aulas e recebiam apoio até dez horas. Por fim, os estudantes mais avançados davam início a sua sessão de treinamento, e ela durava até o meio-dia. Wang Pei-sheng seguiu essa rotina por três anos. Ela põe em destaque o esforço e a dedicação dispensada pelos mestres da arte ao trabalho deles.

Yang Cheng-fu (1883-1936) é o mestre de Tai Chi sobre quem mais se escreveu neste século em Hong Kong e na China continental. Quando ele era criança, não tinha gosto pela arte, e só começou a levá-la a sério no começo dos seus vinte anos. Com a morte do pai, toda a sua atitude mudou, e ele começou a tentar sondar as profundezas do Tai Chi. Yang construiu uma casa em Xangai, e ensinou artes marciais numa escola especial de lá, que fora organizada por Chen Wei-ming, discípulo dele. Chen Wei-ming na época trabalhava no Instituto de História da Dinastia Ching.

Durante esse período, comentava-se que o Tai Chi de Yang era bastante eficaz, e que possuía técnicas de chute rápido. Pelo que sabemos do estilo Chen, é como se a arte de Yang ainda devesse muito às variações na velocidade presentes naquele estilo, à sua força e à extensão do movimento. Depois disso, Yang começou a compreender que o Tai Chi poderia ser muito eficiente no tratamento de doenças crônicas, consolidando a saúde da pessoa e proporcionando uma vida longa. Ele começou a introduzir modificações no que fora ensinado, e deu nova ordem aos movimentos das formas numa série longa, lenta e contínua, que visava estimular a saúde dos estudantes. Ele relegou a luta a um papel menos proeminente.

Esse fato, e exemplos semelhantes em outros estilos, diminui a probabilidade de o Tai Chi, da forma como o conhecemos no Ocidente nos dias de hoje, provir dos místicos taoístas, dando voltas no distrito do pico Wu-tang, alheio aos efeitos que as criações deles deviam exercer sobre os ocidentais do final do século XX. Isso talvez se deva ao fato de os taoístas estarem ocupados com o tipo suave de Chi Kung (ver capítulo 6) ou com os movimentos do Nei Chia.

Muitas pessoas foram aprender com Yang Cheng-fu e com o Grande Estilo de sua autoria, muito difundido. Não obstante isso, certos aspectos da sua arte continuaram ainda ignorados. Um dos seus discípulos e associados era um homem chamado Yearning K. Chen, um negociante próspero. Diz a história que certo dia Chen perguntou a Yang se ele podia tomar emprestado todas as notas e escritos da família. Stuart Olson recorda que Yang concordou com isso, mas com a condição de que os papéis e documentos voltassem às suas mãos sem falta no dia seguinte. Isso ocorreu nos dias que antecederam as máquinas de xerox, quando até mesmo máquinas fotográficas de alcance limitado eram provavelmente em número reduzido. No entanto, Chen se apoderou das notas e foi para casa, onde um pequeno grupo de copistas o esperava para tomar nota dos documentos da família Yang. Eles devem ter trabalhado toda a noite, porque Chen devolveu os documentos no dia seguinte e, pouco depois dessa noite decisiva, desapareceu.

Depois disso, ele publicou um livro sobre o Tai Chi, e a família Yang afirmou que esse livro era uma cópia do seu trabalho. Supostamente, Chen negou tudo isso. A família Yang de imediato publicou o próprio livro. Algumas pessoas elogiam Chen pela iniciativa dele, e dizem que se ele não tivesse agido dessa forma, aparentemente ilícita, os documentos da família Yang jamais poderiam ter sido publicados, poderiam ter sido perdidos ou queimados num acidente, e assim por diante. Outros dizem que ele enganou seu mestre — um ato digno de repreensão. Entretanto, seja o que for que pensemos disso, o livro foi publicado, e duas vezes.

Sun Lu-tang (1860-1932) foi um exemplo de homem que primeiramente estudou outras artes marciais, e que depois tomou contato com o Tai Chi. Foi ele um dos principais expoentes do Hsing-I Ch'uan e Pa-kua Ch'uan, na sua época, e são essas as duas artes marciais interiores da China. Ele estudou recebendo orientação de Hao Wei-chen, um discípulo de Li I-yu. Quando ele era jovem, sofreu crises de depressão, e duas vezes tentou dar cabo da própria vida. O fato de ele treinar artes marciais fez com que essa tendência desaparecesse, e ele se tornou um lutador famoso, porém um lutador que se esquivava à notoriedade. Nos seus últimos anos de vida, ele combinou a sua arte do Tai Chi com as outras duas artes, e criou o próprio estilo reconhecido, o estilo Sun.

Os estilos Yang, Wu e Sun têm como ancestral comum o estilo Chen, independentemente das variantes que tais estilos possam adotar. Chen Fake (1887-1957) foi um dos herdeiros desse estilo famoso. Ele foi um discípulo e mestre da décima sétima geração. Fake considerava a sua arte como um bem transmitido por herança, e, como tal, um bem digno de zelo e conservação. O seu próprio horário de treinamento fazia jus à sua consideração. Três vezes por dia, ele realizava dez vezes qualquer forma que estivesse estudando. Em 1928, Fake foi para Pequim a fim de ensinar o Tai Chi. Lá, ele foi desafiado por três irmãos que quiseram pôr à prova a sua capacidade. Ele liquidou o primeiro, e os outros dois irmãos se retiraram com receio de que tivessem o mesmo destino. Tamanha é a admiração dos chineses pela intrepidez na luta que Fake se viu sobrecarregado de solicitações para que transmitisse seus conhecimentos. As pessoas não queriam a cura que o seu tipo de Tai Chi era capaz de proporcionar, mas tão-somente o poder devastador dessa arte. Parece que, até Fake ir para Pequim, o estilo Chen era conhecido por poucos naquela região do país. Porém, à proporção que um número cada vez maior de pessoas tomava contato com Fake, e à medida que praticantes famosos dessa arte buscavam a ajuda dele para exercitar nas artes marciais a capacidade deles de maneira rigorosa, a palavra se difundiu rapidamente.

É preciso considerar o tamanho da China, e os meios de comunicação relativamente escassos da época, para compreender que essa jóia de arte facilmente poderia ter continuado ignorada em algum remoto rincão da terra. Em Pequim, Fake mudou tudo isso. Foi estimado como um homem atencioso e gentil, por vezes, quando desafiado. Chen San, um combatente de destaque, certa feita se deparou com ele. Fake pediu ao homem que pegasse os seus braços e tentasse empurrá-lo. Assim que Chen San agarrou os braços de Fake, ele percebeu que encontrara um adversário tão bom quanto ele e recuou polidamente. Tempos depois, ele comentou que Fake jamais falara a outra pessoa sobre esse antagonista à sua altura, sobre essa "peleja"; ele disse que Fake poderia tê-lo atirado longe assim como a uma folha, mas que preferiu não fazer isso.

Madame Bow-Sim Mark é uma mestra inovadora e importante atualmente. Ela é diretora do Instituto de Pesquisa de Artes Marciais (Wushu) Chinesas em Boston, Massachusetts, nos Estados Unidos. Desde pequena, estudou os estilos Yang e Wu do Tai Chi, e, posteriormente, a Forma Combinada, uma série moderna de movimentos que incorpora gestos de diversos estilos. A meticulosa atenção que ela dispensa aos pormenores e o seu programa de treinamento de dez horas por dia colocaram-na numa posição de destaque como uma futura mestra. Ela continuou a estudar o Pa-kua Ch'uan e as várias modalidades com espada. Também se tornou famosa como cantora e autora de coreografias de danças, e recebeu o cargo de instrutora na Companhia de Danças Tradicionais da China. Respeitada e admirada tanto na China como também nos Estados Unidos, foi ela a principal figura a divulgar as novas formas do Tai Chi que têm surgido desde o começo dos anos 50.

Este capítulo nos dá a conhecer uma diversidade de coisas que vale a pena enfatizar. Uma delas é o fato de que o treinamento no Tai Chi é um processo demorado e árduo quando almejamos alcançar um alto padrão. Em segundo lugar, a conhecida história da arte demonstra que uma ampla variedade de movimentos, de velocidade diferente, executada com graus de intensidade variáveis, constitui a base de tudo o que é ensinado atualmente. Em terceiro lugar, as influências da filosofia e da religião taoísta, duas vertentes separadas, precisam ser examinadas com atenção muito maior antes de receberem confirmação. Com isso, quero dizer que o ponto de vista de nós, ocidentais, sobre o Taoísmo e sobre o Tai Chi deveria ser minuciosamente examinado e classificado para que, ao utilizarmos termos gerais, possamos compreender que o que dizemos não passa de bobagem.

O que sempre *esteve* estreitamente relacionado com o Tai Chi em todas as épocas foi o conceito de yin-yang que Fung Yu-lan separa da filosofia taoísta, mas que eu mesmo, ao lado de muitos outros, considero como sendo a primeira fase dessa filosofia. Esse tipo de exame do passado levanta muitas outras questões. Por exemplo, por que tantas pessoas escreveram sobre a relação entre a doutrina taoísta e o Tai Chi, sobre o I-Ching e o Tai Chi e sobre a tradicional medicina chinesa e o Tai Chi? Essas perguntas são difíceis de responder, mas espero que os leitores encontrem certo incentivo para a reflexão nas páginas que se seguem.

2. As Posturas e os Movimentos do Tai Chi

A diversificada e controvertida história do Tai Chi deverá ser considerada quando a pessoa ler as páginas seguintes, sobretudo com relação às posturas e aos movimentos. Diz-se que as posturas originais foram adotadas separadamente umas das outras, e que, em algum momento desconhecido, alguém as juntou numa série contínua de movimentos a que não raro as pessoas se referem como sendo "a forma".

As formas são encontradas em todas as artes marciais orientais. Algumas artes marciais têm diversas formas. Na forma, encontramos todos os movimentos e posturas característicos da arte em questão. Realizando as formas, os estudantes sempre se lembram do próprio estilo, e nele se exercitam. As posturas podem ser concebidas como regiões num mapa pelas quais uma pessoa passa, e os movimentos podem ser imaginados como sendo as estradas que ligam as posturas. Assim sendo, uma forma é um tipo de mapa em movimento. Um mestre de Tai Chi mostra as posturas aos alunos, corrige-as e tenta se certificar de que elas são realizadas de modo satisfatório. São tão acentuadas as diferenças na compleição física e no temperamento de cada pessoa que jamais duas pessoas executarão determinada postura exatamente da mesma forma. Entretanto, até mesmo para um leigo, estará claro que a postura do Chicote Simples, por exemplo (ver p. 49), está sendo executada por um grupo de estudantes, por mais que eles possam diferir entre si.

Outra suposição muito comum entre os adeptos do Tai Chi é que originariamente houve treze posturas ou movimentos. Com o passar do tempo, e, como vimos, com a influência de diversos mestres, acrescentaram-se outras posturas e movimentos intermediários, além de se introduzirem variações na posição dos braços, das pernas, do tronco e da cabeça. Semelhante tendência se expandiu até dar origem a estilos de Tai Chi diferentes, nos quais os mesmos nomes foram dados a posturas que, de modo compreensível, não poderiam ser chamados da mesma forma, posto que certas semelhanças por vezes continuassem. Novamente, um exemplo disso é a postura do Chicote Simples, que apresenta variações, mas que só pode ser identificada pelo modo singular com que os dedos se unem imitando a forma de um bico.

Muitos entusiastas do Tai Chi são por demais sectários. A atitude que demonstram com relação a essa arte envolve críticas a outros estilos, e eles comumente asseveram que uma ou outra forma de realizar o Tai Chi é incorreta. Em geral, os estudantes mais atentos percebem que essa atitude é absurda, de vez que ninguém sabe ao certo como eram essas posturas. As fotografias do famoso mestre de Tai Chi Yang Cheng-fu, jovem e velho, apresentam diferenças na postura, no entanto essas diferenças poderiam ser atribuídas à idade e a uma mudança na compleição física. A explicação que ele próprio dava era que das posturas que ele adotou as melhores foram quando ele estava mais velho. Podemos imaginar uma situação em que alguém que aprendeu o Tai Chi com Yang quando ele era jovem se ausentasse por algumas décadas, e depois, encontrando com ele novamente, criticasse o mestre por ele não estar executando a forma do mesmo modo que a executara vinte anos antes. Mas isso se trata de uma crítica insensata...

Como qualquer outro assunto que envolva alta especialização, o Tai Chi de fato desenvolve em muitos dos seus seguidores uma capacidade de atenção rigorosa com relação aos pormenores. A alguém que está de fora, a posição exata do pé ou da mão talvez pareça irrelevante. A alguém que está bastante envolvido com a arte, uma ligeira alteração do peso ou do ato de virar o pé uns dez graus faz muita diferença, porque um estudante consciente percebe essas pequenas mudanças como sendo uma sensação física real. Esses pormenores, portanto, desempenham um papel importante na realização regular das formas, e as posições erradas que a pessoa repete podem causar danos a uma junta ou forçar a musculatura, sobretudo nos joelhos. Os estudantes que aprenderam os ensinamentos corretamente tornam-se sensíveis aos pormenores, e, quando proficientes, são capazes de se adaptar rapidamente a uma outra forma ou estilo com a orientação de um mestre competente.

Do meu ponto de vista, adotar as posturas e os movimentos das formas é, a princípio, mais importante do que qualquer outro aspecto do Tai Chi. A pessoa talvez fale sobre energia vital, Chi, sobre o I-Ching, sobre a órbita microcósmica da energia interior e sobre outros assuntos que requeiram sutileza; porém, se a pessoa não é capaz de passar por uma forma dispensando uma atenção exata, produto de trabalho duro e ao mesmo tempo de relaxamento, tudo aquilo sobre que ela fala não passa de teoria ou fantasia.

Dizem alguns mestres que as posturas mais importantes têm relação direta com os Oito Trigramas do I-Ching (ver capítulo 7). São estas:

Aparar (*P'eng*)	equiparado ao trigrama Chien	Movimento nos quatro
Puxar para Trás (*Lu*)	equiparado ao trigrama Kun	sentidos
Pressionar para a Frente (*Chi*)	equiparado ao trigrama Kan	principais do circuito
Repelir (*An*)	equiparado ao trigrama Li	
Puxar (*Tsai*)	equiparado ao trigrama Sun	

Fender (*Lieh*)	equiparado ao trigrama Chen	Movimento nos quatro sentidos secundários do circuito
Cotovelo (*Chou*)	equiparado ao trigrama Tai	
Dar um Golpe com o Ombro (*Kao*)	equiparado ao trigrama Ken	

Isso perfaz oito posturas, e a estas dever-se-ia acrescentar os Cinco Passos que são relacionados por alguns mestres e escritores com os Cinco Elementos (ver capítulo 7).

Avançar	relacionado com o elemento Metal
Recuar	relacionado com o elemento Madeira
Olhar para a esquerda	relacionado com o elemento Água
Olhar para a direita	relacionado com o elemento Fogo
Equilíbrio	relacionado com o elemento Terra

Por vezes, as Oito Posturas são chamadas de Portões, Pa-men. Wu Pu é a palavra chinesa para designar os Cinco Passos. Essas treze posturas, que são como que movimentos, constituem a base para o estilo Yang do Tai Chi. Embora os Oito Portões teoricamente estejam relacionados com os oito sentidos do circuito, eles não seguem esses sentidos nas formas. Além disso, apesar do fato de os Cinco Passos amiúde estarem relacionados com os cinco sentidos, isto é, com o norte, com o sul, com o leste, com o oeste e com o centro, isso tampouco apresenta nas formas nenhum sentido relacionado com o espaço, visto que todos os movimentos podem ser realizados em diversos sentidos numa forma.

Tanto os estudiosos chineses como também os ocidentais fizeram comentários sobre a forte tendência que têm os chineses de conservar as coisas do passado, até mesmo em face das razões lógicas para que não ajam dessa forma. Como veremos a seguir, e, a exemplo do que vimos na história, quanto mais prestigiosa a origem de uma idéia ou de uma teoria, mais prestígio poderia ela acrescentar a alguém associado a ela. Esta é uma das razões do porquê de nas artes marciais chinesas em geral predominarem teorias tais como a dos

Cinco Elementos. Tal fato é verdadeiro no campo da medicina tradicional dos chineses, como veremos num dos capítulos deste livro. Tem-se salientado de tempos em tempos que a teoria dos Cinco Elementos não é uma teoria infalível, e diagnósticos e tratamentos talvez tenham sido camuflados a fim de fazer da teoria algo aceitável. Há poucas pessoas que têm tempo, interesse e capacidade para estudar todos os aspectos do Tai Chi do começo ao fim, e, assim sendo, para a maioria de nós se trata de aceitar, rejeitar ou pôr em suspenso as opiniões sobre essas teorias e sobre o nosso próprio treinamento nas formas. Quando a pessoa lê diversos artigos e livros sobre o Tai Chi, ela não pode esquecer que 99 por cento dessas leituras estão simplesmente repetindo sem consciência crítica o que se disse num livro anterior, quer pela preguiça, pelo respeito, pela tradição ou pela falta de idéias novas. A não ser que tenhamos muita vontade de examinar as tradições do Tai Chi, devemos nós mesmos seguir esses exemplos, ou simplesmente ignorar aquilo que não nos importa examinar tanto.

As Oito Posturas ou Passos

1. Aparar (P'eng)

No estilo Chen, um movimento semelhante ao ato de Aparar é adotado à medida que uma das formas comuns tem início. Nesse movimento, os pés estão bem afastados, como se a pessoa estivesse montada sobre o dorso de um grande cavalo.

No estilo Yang, usado por Yang Cheng-fu, encontramos duas versões. Uma é exemplificada por Cheng Man-ch'ing com a mão esquerda levantada à frente do peito, o braço direito abaixado, ao lado da coxa, e o pé que está atrás virado cerca de quarenta e cinco graus. A outra versão, que é possível ver em antigas fotografias, mostra o próprio Yang com o pé que está atrás virado para fora noventa graus e se deslocando para a frente, os braços numa posição ligeiramente diferente da de Cheng. Além disso, o torso é conservado em posição diferente. A Forma Combinada do Tai-Chi, que é uma síntese criada em 1956, e professada no Ocidente por Bow-Sim Mark, apresenta uma posição semelhante à conservada por Yang Cheng-fu.

Na versão do estilo Wu, que chegou a Cingapura, os movimentos iniciais da forma mostram a postura do Aparar com o tronco bastante inclinado para a frente, as mãos numa posição diversa das mãos nos estilos Yang ou Chen. Devido ao fato de o trigrama para P'eng mostrar três linhas ininterruptas e fortes, as linhas Yang ou masculinas (para os exemplos dos trigramas, ver p. 154), o movimento em si é associado por alguns mestres à suprema fonte de poder e força — o céu.

Quando os iniciantes fizerem seu primeiro contato com a postura do Aparar, e quando se virem às voltas com a questão da finalidade de a utilizar na defesa pessoal ou na postura do Repelir, será necessário explicar-lhes que, além do seu uso com a palma da mão voltada para dentro, que pode significar tanto um ato de defesa como também um ato de ataque, ela pode ser usada com a palma voltada para fora, quando se ataca. Bem no momento em que o Aparar se completa, e as mãos se voltam para fora, para entrar em Lu, a pessoa pode puxar para trás com ambas as mãos a um só tempo. Isso não é visível quando se aprende a forma, porque é comum os estudantes se preocuparem com a transição de um movimento para o outro, e o sentido fundamental da pequena alteração das mãos escapa a muitos, exceto aos mais alertas. Para a perfeita realização da postura do Aparar, assim como em todas as outras, o relaxamento e o uso correto da força e do equilíbrio devem ser observados. Para falar de modo genérico, é preciso que se aprenda isso com um mestre. Há poucos estudantes ocidentais que têm o que se poderia chamar de uma propensão natural para o movimento do Tai Chi.

2. Puxar para Trás (Lu)

O segundo movimento da forma Yang, depois do Aparar à esquerda e à direita, é realizado com a pessoa bem agachada na forma Chen. Na forma Yang, a pessoa tem o corpo muito mais elevado, apresentando, uma vez mais, as duas variações do pé descritas na postura do Aparar. No estilo Wu, o tronco se encontra de novo inclinado. Como o trigrama para Lu consiste em três linhas interrompidas

ou yin, isso indica que a postura ou o movimento do Puxar para Trás é a postura da complacência por excelência. Trata-se da antítese da postura ofensiva yang do Aparar. Ao mesmo tempo, sendo utilizado para a defesa pessoal, o Puxar para Trás pode incluir o agarrar o adversário pelo braço e o repelir, coisa própria do yang, bem como o dobrar ou o desviar no antebraço, característica do yin.

Em todo o yang, algo do yin; em todo yin, algo do yang. Afirma-se que essa seqüência de defesas, investidas, ou contração e expansão, reflete o mundo natural das estações, a lua cheia e a minguante, a luz e a escuridão, e assim sucessivamente. Por conseguinte, seria de se esperar que o movimento seguinte se relacionasse com o yang masculino — e, na forma, ele é assim — juntamente com ...

3. Pressionar (Chi)

Nessa postura, as linhas yin e yang se combinam pela primeira vez no trigrama com a linha yin do alto interrompida, uma linha yang não interrompida no meio e uma linha yin na base. Visto na sua simplicidade, esse arranjo indica o yang oculto no yin, encasulado no yin. Isso pode ser interpretado como que significando, ao se realizar a postura do Pressionar no Repelir, que o contato inicial com o parceiro é suave, a linha yin, a fim de que se possa sentir o seu equilíbrio. Quando se sabe disso, a linha yang, forte, é utilizada, para assim dizer, para tirar a base do equilíbrio. Pelo fato de essa brilhante força yang estar escondida nas brumas do yin, a ação do Chi, ou Pressionar para a Frente, por vezes é descrita como sendo a mais enganosa e perigosa.

No estilo Chen, essa postura é realizada com o corpo muito abaixado, uma perna estirada e a outra dobrada, a cintura a se voltar fortemente para a direita. No estilo Wu, o praticante pressiona para baixo e depois expande para a frente, inclinando o tronco com as mãos unidas. No estilo Yang, a mão esquerda toca o antebraço direito ou a parte de trás da mão, em todos os casos, em posição ereta, o que é a regra geral, mas por vezes percebe-se nesta postura uma pequena inclinação do tronco para a frente. Na forma simplificada de Pequim de Vinte e Quatro Movimentos, os dedos da mão esquerda repousam levemente no pulso direito. Uma outra variação é pressionar palma contra palma.

Essa postura é adequada para mostrar os pormenores e as variações a que aludimos antes. Quando as mãos estão unidas em qualquer um dos modos descritos, é como se a parte de trás da mão direita e o antebraço fossem utilizados para desequilibrar o adversário e o afastar. Isso é perfeitamente passível de ser praticado, e amiúde o Pressionar para a Frente é utilizado dessa forma. Isso, entretanto, poderia ser considerado como sendo uma fase yin do contato, em que uma vez mais o equilíbrio é sentido e, portanto, à proporção que as mãos se separam para recuar, é possível realizar a postura do Repelir com ambas as palmas das mãos voltadas para a frente e afastadas do corpo. Um uso diferente do Pressionar para a frente pode ser valer-se de ambas as mãos, unidas, para realizar um golpe violento no plexo solar de um antagonista, com a parte de trás da mão direita.

4. Repelir (An)

Numa versão do repelir do estilo Wu, essa postura é realizada com a mão direita à frente e o corpo inclinado. No estilo Chen, ela tem início com a posição do montar a cavalo acompanhada pelo ato de aproximar os pés e de se erguer até ficar em pé. Tanto no estilo Chen como no estilo Yang, as mãos repelem juntas, embora alguns mestres afirmem que as mãos jamais deveriam repelir com igual força, uma vez que essa postura é chamada de "mãos com pesos

diferentes". Semelhante máxima, "nos pés, nunca os mesmos pesos", é difundida por muitos mestres. Isso significa que o peso do corpo jamais deveria ser uniformemente distribuído nos pés, visto que isso deixa a pessoa suscetível a perder o equilíbrio com facilidade.

Em todos os estilos, o modo de repelir está sujeito a variações. Em geral, os principiantes aprenderão a repelir numa linha reta, conforme as preferências do mestre, e, depois, dever-se-á acrescentar um repelir em giro — algo como a formação de uma onda. Nesse repelir em giro, as mãos comumente repelem para baixo, em direção à cintura primeiramente, e depois são levantadas pouco a pouco para cima e adiante. Se o ato de Repelir é realizado repetidas vezes com o objetivo de treinar, as mãos haverão de realizar uma espécie de forma ovalada horizontal, para baixo e para cima, à proporção que se distanciam do corpo, e para cima e para baixo à medida que dele se aproximam.

O trigrama para An é uma linha yang em cima, uma linha yin no meio e uma yang na base. Isso pode implicar a solidez que envolve a suavidade. Por exemplo, ao realizar o repelir, a pessoa podia achar que se encontra diante de um grande obstáculo — o yang que se depara com o yang. Em vez de aumentar o seu próprio poder para repelir, assim como dois cervos a dar marradas um no outro, a pessoa cede, incorporando, por assim dizer, o yin que provém do interior do trigrama. Isso talvez faça com que o oponente agressivo se desequilibre por um momento, e depois, com o yang da base do trigrama, ele é forçado a tombar. É preciso salientar que, aqui, estamos usando os trigramas de modo bastante engenhoso, porém não vejo prejuízo nisso, assim como alguns dos outros modos de os interpretar em relação ao Tai Chi igualmente podem ser descritos como fantasiosos.

Quando se realiza o Repelir, o corpo se move como um todo, da forma como faz em todos os movimentos do Tai Chi. Nos braços, só trabalham os tríceps, mas eles são secundados pelas pernas, na parte posterior das costas e na palma da mão. Os braços são meros transmissores. Repelir é um tipo de movimento tão envolvente que há o perigo de a pessoa perder o equilíbrio, de se inclinar para a frente e cair devido ao excesso da própria impetuosidade! Em razão disso, é preciso ter cuidado a fim de não deixar o joelho da perna dianteira pôr-se à frente das pontas dos dedos do pé. Precaução semelhante pode ser observada em todos os movimentos de se ir adiante.

5. Puxar (Tsai)

Novamente, há diversas variações na realização desse movimento. O trigrama para ele é uma linha yin na base, com duas linhas yang no alto. Em todos os estilos, o movimento do Tsai é um movimento de puxar. Ele foi comparado à postura Agulha no Fundo do Mar, na qual o corpo se inclina bem para a frente — um raro acontecimento no estilo Yang — e as mãos são baixadas, mas a postura do Erguer a Mão ou T'i Shou igualmente pode ser considerada como um preâmbulo ao Puxar. Podemos interpretar o trigrama como que a ter início na base com um ato yin, quando se agarra o braço do oponente, e há uma tentativa imediata de detectar-lhe as condições que lhe garantem o equilíbrio, e uma predisposição para ceder. Nesse estágio yin, a pessoa está pronta para a liberação, para transigir e para mudar de direção, não houvesse a oportunidade de o yang existir. Em perfeitas condições, o vigoroso ato de puxar com

a força yang, incorporando o peso total do corpo que baixa, pode ser realizado.

Na Longa Forma Yang, na Forma Curta de Cheng e na Forma Longa do estilo Wu, ao movimento de Puxar pode-se seguir o Golpe com o Ombro ou o Golpe com o Cotovelo, Kao ou Chou. Isso significa que se acaso um Puxar, inicialmente, não obtiver êxito, e o oponente recuar, a pessoa pode levar avante o Golpe com o Cotovelo ou o Golpe com o Ombro para levar esse oponente à posição desejada. Nas formas Yang e Wu, à postura da Agulha no Fundo do Mar se segue a postura O Leque Penetra Atrás, que é um ato de desvio e de repelir, implicando também que um movimento inicial de puxar pode ser seguido por um movimento que é um misto de ceder e de repelir. Na forma do Repelir organizado anteriormente, característica do Ta-Lu, a Dança, a postura Tsai desempenha um papel importante, e ela indica a sua importância na forma de um movimento de "luta".

O ato de puxar pode ser para baixo ou para o lado. Sempre que a pessoa lança mão do movimento de Puxar, e por mais que faça isso, todo o peso do corpo deverá ser transmitido por meio dos braços. Para os principiantes, essa é uma das lições mais difíceis, e eles quase invariavelmente utilizam a força do braço e dos músculos do ombro. A pessoa deve lembrar que um corpo, o seu

41

próprio corpo, pesa em média de 50 a 100 kg. Esse peso, quando aplicado com propriedade, usa muito menos energia para produzir um resultado do que um peso igual no esforço feito sobretudo pela contração muscular dos braços. Basta imaginar uma grande balança e, em um dos pratos, um peso de 55 kg, por exemplo. Se o seu peso é de 60 kg, a única coisa que você tem a fazer para erguer esse peso é se sentar no outro prato da balança! Imagino que seria uma experiência completamente diferente se você tentasse levantar e abaixar esse mesmo peso com os seus próprios braços... O mesmo se dá com a postura do Puxar. Agarre o braço e — por assim dizer — sente-se. São 60 kg puxando um braço para baixo.

6. Fender (Lieh)

A postura do Fender assemelha-se ao ato de cortar lenha, e ela aparece muitas vezes em todas as formas do Tai Chi. Na forma, como sendo algo distinto da aplicação para o combate, toda vez que a pessoa baixa as mãos e os braços, há uma oportunidade para Fender. Na postura do Repelir, ela pode ser usada para empurrar para baixo os braços de um adversário, e a ela podem se seguir as posturas do Pressionar para a Frente, do Aparar ou do Repelir. Imaginemos que, na postura do Repelir, seu adversário o agarre pela parte superior dos braços tentando desequilibrá-lo para a frente, ou até mesmo procurando fazer com que você perca o equilíbrio à esquerda dele. Você pode dar um passo à direita, erguer os braços presos pelo dele numa curva e Fender-lhe o braço esquerdo, enfiando o pé esquerdo entre as pernas dele e aparando à sua esquerda. Você vai fazer com que ele voe!

A postura do Fender, se realizada com precisão, produz uma reação no seu oponente capaz de o projetar para o alto, porque ele acreditará que está sendo puxado para baixo e tentará se opor a isso, esperando que você adote a postura do Repelir ou do Aparar. O momento exato provavelmente é o aspecto mais importante dessa postura. O trigrama para a postura do Fender mostra uma forte linha yang na base e duas linhas yin no alto. Isso pode significar um início intenso e poderoso que desconcerta o oponente, o Desferir um Golpe, a ser seguido por um ato de ceder à sua reação tendente a projetá-lo para o alto, que leva a mais uma ação yang, a do Aparar, por exemplo. Na interpretação do trigrama, um yang forte sempre leva ao yin, exatamente da mesma forma que a intensidade do verão leva a um declínio no outono. O movimento da cintura, a torção da cintura e da pélvis, à direita ou à esquerda, é relevante no Tai Chi e, na postura do Desferir seguida pelo Aparar, temos uma decisiva torção à direita, e depois à esquerda, no exemplo dado acima. Os dois passos com as pernas, direita e esquerda, fazem desse um excelente exercício ao combinar dois dos Oito Portões.

7. Golpe com o Cotovelo (Chou)

No trigrama associado a Chou, ainda mais yang de novo leva ao yin. Duas linhas yang na base e uma linha yin no alto indicam um início intenso oculto para os olhos. O Golpe com o Cotovelo é uma ação forte que utiliza todo o peso do corpo, com a ponta do cotovelo naturalmente alinhada com o plexo solar. Na forma de Cheng, o cotovelo é apresentado à frente com a mão esquerda "fendida" no vinco do braço direito. No movimento Chen do Cotovelo Golpeando o Coração, o braço está recurvado ou dobrado horizontalmente, e bate na parte inferior do braço direito do oponente. Os estudantes de Yang Cheng-fu fazem demonstrações do

Golpe com o Cotovelo com a mão esquerda a agarrar o cotovelo no golpe, a fim de proteger ou dobrar. A aplicação do movimento do estilo Wu é semelhante à do estilo Chen. Não se trata de um ato que se presta a um treinamento amigável na postura do Repelir, a menos que ela seja repelida antes de alcançar o alvo, ou a não ser que o oponente que sofre o ataque consiga sempre dobrá-lo com a mão. Ela é muito perigosa.

O ocultamento sugerido pelo trigrama está no fato de o Golpe com o Cotovelo ser uma surpresa e estar escondido no ataque. Se os seus braços estão sendo repelidos, trata-se apenas de deixar o cotovelo dobrar-se e estendê-lo em direção ao oponente à medida que ele avança, de modo que o oponente fica "empalado" na ponta do cotovelo. Dobrar o cotovelo também pode ser utilizado para se libertar de um braço ou de um punho que nos agarra. Se o seu adversário lhe agarra o punho direito com a mão esquerda dele, você dobra o cotovelo para fora e para a frente, na direção do seu corpo, rompendo a "boca do tigre" — o espaço entre o polegar e o indicador, o ponto mais frágil.

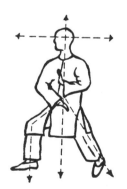

8. Golpe com o Ombro (Kao)

Quando as mãos não podem ser usadas, use o cotovelo, e quando este não puder ser usado, use o ombro; quando o ombro não puder ser usado, use o torso. Quando este não puder ser usado, pense novamente: o Kao ou o Golpe com o Ombro é um movimento ainda mais inesperado do que o Golpe com o Cotovelo, e, em certo sentido, dele procede naturalmente. Se você atacar com um Golpe com o Cotovelo, e o seu oponente frustrar ou rechaçar o ataque, você simplesmente deverá deixar o corpo avançar com o Golpe com o Ombro.

No estilo Chen, esse movimento é realizado na postura muito baixa do montar no cavalo. No estilo Yang, ele pode ser realizado com o corpo recurvo. No estilo Wu, o movimento principia com uma posição quase duplamente recurva, com a pessoa a se agachar debaixo do oponente e a se levantar com força considerável a fim de o desequilibrar. Na versão Yang, o Golpe com o Ombro é uma pancada direta na frente do corpo, utilizando as pernas, a cintura e as costas para produzir um abalo devastador. No treinamento do Repelir, essa postura deveria ser utilizada com cuidado, e aplicada no tórax do oponente a fim de realizar um ato de repelir em vez de um golpe verdadeiro.

O trigrama para essa postura é uma linha yang no alto e duas linhas yin. Tal configuração pode sugerir a natureza essencialmente

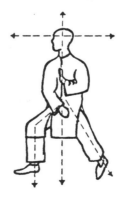

secreta do ombro. Quando essa técnica é utilizada, não há advertências a serem seguidas como há nos outros movimentos. A pessoa não levanta as mãos, mas apenas projeta o corpo por meio das pernas. A partir desse gesto inicial oculto, o ombro desfere um golpe inesperadamente; o yang vem à luz. É fácil, no entanto, perder o equilíbrio ao realizar o Golpe com o Ombro, e, desse modo, as linhas yin podem sugerir um elemento de prontidão para ceder, precaver-se, evitar o desequilíbrio e desistir do ataque caso a pessoa tenha a impressão de que o oponente está preparado para ele. Há a tentação de se inclinar excessivamente para a frente quando se realiza o Golpe com o Ombro, e isso induz uma perda de equilíbrio, de modo que a máxima que diz para que a espinha se conserve ereta e o centro de gravidade permaneça embaixo deve ser lembrada aqui. Naturalmente, podem ocorrer exceções a esta postura.

Os Cinco Passos

Os Cinco Passos são assim denominados por causa da correspondência que os teóricos do Tai Chi estabeleceram entre a teoria do Quinto Elemento da filosofia chinesa e a própria arte deles. Cinco Elementos não é a melhor tradução para a expressão. Cinco Fases ou Atividades são termos preferíveis, devido ao fato de os caracteres chineses originais transmitirem mais de uma idéia de diferentes qualidades sujeitas à mudança. Obviamente, isso é muito diverso no sentido fundamental do sentido que tem a química no Ocidente acerca da menor quantidade de matéria de um dado tipo que não pode ser mais subdividida, assim como encontramos na tabela periódica. Os nomes das Cinco Atividades — metal, madeira, água, fogo e terra — também conferem aos leitores ocidentais um tipo de espanto quando esses leitores os lêem porque estamos acostumados com os quatro elementos dos gregos: a terra, o ar, o fogo e a água. Por conseguinte, os estudantes ocidentais precisam vencer dois obstáculos mentais, por assim dizer: o de um número diferente de "elementos", e as variações na terminologia ligadas a um sentido diferente.

Falando de maneira bem genérica, há dois campos com diferentes pontos de vista acerca da importância da teoria das Cinco Atividades para o Tai Chi e para outros sistemas culturais da China. A pessoa segue a teoria do começo ao fim, por vezes ignorando o fato de que ela vai de encontro aos fatos observados e à teoria do yin-yang, mais amplamente aceita. O outro campo a considera uma explanação parcial de vários fenômenos, e dá a razão da sua falta de aplicabilidade quando surge a ocasião. Desse modo, qualquer estudante de Tai Chi desinformado faria boa coisa ao se lembrar dessa divisão. Pelo menos, um mestre de Tai Chi nos Estados Unidos levanta sérias dúvidas sobre a validade da teoria para o Tai Chi, e ele é chinês. Os Cinco Passos do Tai Chi são Avançar, Recuar, Olhar para a Esquerda, Olhar para a Direita, Equilíbrio.

Avançar associado ao Metal. Aqui, o Metal "domina" ou corta a madeira, ou o Recuar. Quando o oponente recua, eu avanço mais rápido e o desequilibro.

Recuar associado à Madeira. Aqui, a Madeira "domina" ou frustra a Terra, o Equilíbrio, puxando o oponente e o desequilibrando.

Olhar para a Esquerda associado à Água. Aqui, a Água "extingue" o Fogo, ou Olhar para a Direita, quando, por exemplo, um Empurrar para Baixo com Mão Direita pode ser frustrado por um Pressionar para a Frente com a Mão Esquerda, que leva a um movimento contrário.

Olhar para a Direita associado ao Fogo. Aqui, o Fogo "funde" os Metais, ou Avançar, levando a um ataque frontal à direita e fazendo com que o oponente perca o equilíbrio.

Equilíbrio associado à Terra. Aqui, a Terra "absorve" a Água, ou Olhar para a Esquerda, o que pode significar que o equilíbrio sadio pode absorver um ataque vindo da esquerda.

Ao refletirmos um pouco, contudo, percebemos que o Recuar pode igualmente derrotar o Avançar no verdadeiro treinamento, e que qualquer um dos outros quatro passos é capaz de derrotar a

Terra, o Equilíbrio, se utilizado no momento certo. Qualquer passo pode ser derrotado por qualquer outro passo, ou é capaz de o derrotar, e tudo depende das circunstâncias. Esses aspectos, por mais mal-orientados que possam parecer aos adeptos da teoria das Cinco Atividades, de fato dão a impressão de corresponder à simples verdade. No mundo natural, o fogo é por vezes extinto pela água, porém, outras vezes, ele faz com que a água se evapore! Outras vezes, ainda, um tipo de equilíbrio entre fogo e água é conservado mediante proporções iguais de condensação e de evaporação. A fim de se confrontar com essas exceções edificantes, os adeptos das Cinco Atividades criaram ciclos variáveis das Atividades, e conexões cruzadas que sustentam as idéias deles. O ponto central é que é um erro tentar conformar o tipo de Tai Chi da pessoa a uma teoria. Amiúde, as Cinco Atividades podem ser consideradas como um instrumento útil e, outras vezes, como um instrumento desastroso.

Mais Posturas de Uso Comum

Devido ao fato de o estilo Yang do Tai Chi ser em grande parte o mais conhecido e o mais amplamente realizado, e visto que até mesmo os avanços modernos na China com relação à arte estão em grande escala baseados nos movimentos yang, ocupar-nos-emos disso como tema para a nossa análise. Embora haja outras posturas e movimentos além dos oito ou cinco passos, ou movimentos fundamentais, todas as posturas adicionais contêm algo dos treze passos originais. Quem quer que treine o Tai Chi haverá de perceber isso aos poucos. Ainda assim, o aumento no número das posturas que ocorrem de quando em quando com a orientação de um mestre de um novo estilo, ou num estilo que já existe, tem levado a um crescimento no valor dos exercícios de Tai Chi, e a um sistema aumentado de combate com a postura do Repelir, própria do Tai Chi. Até mesmo os movimentos que em certa época eram considerados como sendo interpretações errôneas dos movimentos tradicionais adquiriram respeitabilidade.

O Chicote Simples

A postura mais distinta no Tai Chi. Ela é tradicionalmente executada com a mão esquerda repelindo o adversário para a frente. A mão direita une as pontas dos dedos e do polegar com o pulso dobrado, assim como o bico de uma Garça. Alguns mestres em Tai Chi seguram a mão esquerda para que o polegar se dobre ao con-

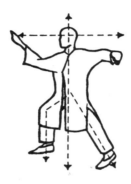

ferir à "boca do tigre" a configuração das mandíbulas abertas da cobra. Diz-se que o movimento do Tai Chi provém dos movimentos de uma garça e de uma cobra. Nos estilos Chen e Wu, o Chicote Simples é realizado com as pernas na posição de montar num cavalo, o tronco para a frente, longe da linha dos gestos da mão. No estilo Yang, a maior parte do peso se concentra no pé dianteiro, com o pé que está atrás nos ângulos retos ou virado até 45 graus. Em ação, o uso da postura do Repelir e do Puxar pode ser observado. O sentido geral do movimento no estilo Yang é para a frente, Avançar, o Metal. O bico da Garça pode ser utilizado para desviar um braço que investe contra nós, enquanto a outra mão repele o peito. O meu mestre me disse que o braço direito estirado exerce uma ação benéfica sobre o fígado.

Erguer as Mãos e Tocar a "Pipa"

A mesma postura, mas a primeira é realizada com a mão direita e com a perna à frente, e a segunda com a esquerda à frente. No estilos Wu e Yang, o corpo está ereto, com o calcanhar da perna que está à frente tocando o chão, a planta do pé levantada. As mãos imitam a posição de alguém ao tocar uma pipa. Essa postura traz em si o ato de Puxar, quando se agarrou o braço do oponente, e ela é um movimento de recuo, a Madeira.

A Garça Branca Abre as Asas (por vezes chamada de A Cegonha Refresca as Asas)

Uma postura e um nome graciosos e evocativos. A mão direita está levantada à direita como uma asa que se ergue, e a mão esquerda abaixada à altura da coxa como uma asa que se vai fechando. Quando eu era criança, lembro-me de ouvir uma notícia

impressionante sobre um homem da região que quebrou o braço por causa de um bater de asas de um cisne, e, desse momento em diante, percebi o sentido dessa notícia. A Garça Branca é potencialmente delicada e forte. Quando um estudante alcançou um estado satisfatório de relaxamento, ele é capaz de mover os braços de preferência como asas, e produzir um tipo de efeito que envolve uma ondulação, um bater de asas. No estilo Wu, essa postura é realizada curvando-se e torcendo a cintura, e ela guarda pouca semelhança com o movimento ereto e gracioso do estilo Yang. A versão Chen está mais próxima da imagem de uma Garça, os braços se estirando um após o outro numa postura baixa e contida. Embora transmita a impressão de um vôo, a postura também contribui para dar a idéia de estabilidade e até mesmo de grandeza; assim, a pessoa poderia classificá-la na categoria da Terra, o Equilíbrio. Yang Cheng-fu erguia a mão para defender-se de um golpe desferido contra a cabeça, ao passo que a mão abaixada tinha a possibilidade de defender um golpe ou um pontapé na virilha. Na mitologia chinesa, a Garça é considerada um símbolo da longevidade, conquanto isso não pareça ter nenhuma ligação com o nome da postura. Na forma Yang, a postura leva ao Passo para a Frente com Roçadura do Joelho e Torção do Tronco, e esse é o nosso próximo movimento.

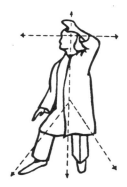

Passo para a Frente com Roçadura do Joelho e Torção do Tronco

Esse é um movimento muito comum, e ele se dá nos lados esquerdo e direito. No estilo Chen, ele é realizado com o joelho da pessoa erguido no alto, seguido por um passo, e no estilo Yang com uma passada longa, perto do chão; a versão Wu é realizada com a característica inclinação do tronco para a frente. Como a Garça Branca, as ações combinadas das mãos acontecem no nível da cabeça, e no nível da virilha e da coxa. A Roçadura do Joelho traz em si o dobrar, mas, de modo mais significativo, o Repelir. A direção é para a frente, Avançar, e, assim, ela pode ser equiparada ao Metal. A moderna forma Combinada do Tai Chi apresenta de modo semelhante o joelho levantado no alto, assim como o estilo Chen demonstrado por Madame Bow-Sim Mark.

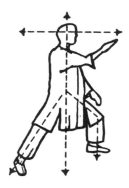

Avançar um Passo, Desviar para Baixo, Aparar e Dar um Soco

Uma longa série de movimentos relacionados que emprega várias partes das Treze Posturas. No estilo Wu, esta série é executada num espaço pequeno, com poucos passos. O estilo Chen usa uma série de movimentos semelhantes, realizados numa postura muito baixa, a do cavalo, indicando a ênfase no estilo acerca da luta. No estilo Yang, que estamos utilizando como um ponto de referência, o estudante dá alguns passos à frente como que a perseguir um oponente que recuasse. De vez que o sentido geral é para a frente, podemos equipará-lo ao Avançar, um movimento do Metal, porém ele também apresenta o Olhar para a Esquerda e o Olhar para a Direita. Com relação aos Oito Portões, esse movimento apresenta o Cortar fundamental, o Aparar e o Repelir em vários aspectos. Apesar disso, trata-se de um movimento que, devido à sua natureza relacionada com a expansão, está menos próximo das treze posturas originais. Todas essas apresentam certa contenção e certa proximidade com relação ao corpo, e também a simplicidade que falta ao Avançar um Passo. Pode ser que, junto com as primeiras treze posturas, essa série consistisse originariamente em movimentos separados que posteriormente vieram a se unir. Os iniciantes consideram esse movimento mais difícil do que muitos dos outros movimentos.

Como que a Fechar uma Porta — Mãos Cruzadas

No estilo Yang, esse é um tipo de movimento libertador, que deixa livre o peito, e que depois realiza um ato de puxar como se a pessoa fechasse duas portas corrediças. Quando o ato de fechar é realizado, as mãos se cruzam nos antebraços. O movimento e o nome são bem oportunos. No estilo Wu, a ação recai sobretudo no repelir em vez de no juntar puxando; talvez se trate de um tipo ocidental de porta com dobradiças! A versão Yang sugere uma posição de Equilíbrio, a Terra, à proporção que os braços se unem, porém, quando as mãos se estendem à esquerda e à direita, observa-se o Repelir. Há diversas aplicações desse movimento da Porta, tais como repelir de lado, dobrar uma perna, dobrar um braço e assim por diante. Esta é uma das posturas mais versáteis do Tai Chi. Quando os braços se cruzam, a pessoa sente uma forte impressão de equilíbrio e solidez.

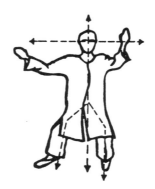

Punho sob o Cotovelo — Soco sob o Cotovelo

Em todos os estilos encontra-se a posição básica do punho cerrado de uma das mãos sob o cotovelo dobrado da outra. O sentido nesse movimento, na forma Yang, é o de girar à esquerda e à direita, e isso fornece um exemplo muito bom da utilização da cintura para mover os braços. Essa volta para a direita e para a esquerda sugere tanto o Fogo como também a Água, mas o movimento também revela um ato de Empurrar para Baixo e de Repelir, transmitindo diversas facetas das treze posturas originais. Além disso, a última postura reconhecida apresenta grande equilíbrio.

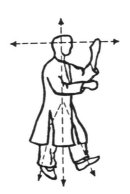

Abraçar o Tigre e Voltar para a Montanha

Um nome evocativo de um movimento do estilo Yang que apresenta um forte ato de Repelir, Olhar para a Direita e depois Recuar; Fogo e Madeira. O voltar inclui um tipo de Empurrar para Baixo ou Puxar, dependendo do modo exato como essa postura é realizada. Em todos os movimentos do Tai Chi, o peso é transfe-

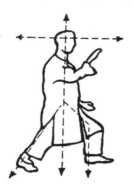

rido de uma perna para a outra em seqüência rítmica, e, desse modo, é possível dizer que o Equilíbrio, a Terra, aparece em todos esses movimentos na forma de alterações no peso. Em alguns casos, o equilíbrio é fundamentalmente conservado; porém, em outros, ele se dá apenas de modo passageiro. Na teoria das Cinco Atividades, a Terra é posta no centro através do qual passam todos os caminhos, de modo que a pessoa pode dizer que, nesse aspecto, a teoria das Cinco Atividades importa a todas as posturas.

Recuar e Repelir o Macaco

Esse movimento traz em si uma fase ou um ato que visivelmente está envolvido com a Madeira, que, por sua vez, se relaciona com o recuo. Em todos os estilos em que ele é utilizado, vemos a postura do Repelir com uma mão, e o gesto de puxar com a outra, aliados à postura do corpo abaixado. Quando a pessoa recua, a perna de trás suporta grande parte do peso, e os músculos da coxa são exercitados de modo considerável, assim como atestam por vezes os principiantes. Em Boston, o mestre de Tai Chi Yang Jwing-ming

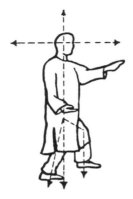

faz demonstrações desse movimento com um forte pontapé para a frente, dado com a perna dianteira — uma postura bastante aceita, embora não realizada nessa forma pela maioria dos estudantes do estilo Yang.

A Postura do Vôo Oblíquo

Essa é uma das posturas mais agradáveis da forma Yang. A pessoa estira os braços, um levantado, o outro abaixado, deixando o peito livre, simulando estar segurando uma bola e a estar aninhando no peito antes de realizar essa postura. De vez em quando, nesse movimento, a pessoa tem uma vívida impressão de que está prestes a voar. Das treze posturas iniciais, a postura do Aparar seria a que está mais próxima desse movimento, com o braço à frente, levantado, embora a semelhança não seja tanta. A pessoa poderia associar ao Vôo Oblíquo o Avançar ou o Olhar para a Direita, ou até mesmo o Equilíbrio. Eu mesmo haveria de escolher o Avançar, o Metal. Na prática, essa postura poderia ser utilizada para atacar um oponente com a parte de fora do antebraço erguido, e talvez fazer com que esse oponente recuasse com a perna dianteira.

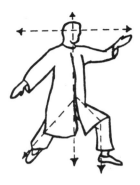

O Leque Penetra as Costas

Seria este o leque de ferro usado na guerra, ou o leque farpado e envenenado? Seja qual for a origem desse movimento de nome pitoresco, é bastante agradável fazê-lo. O braço direito é levantado à altura da cabeça, e o esquerdo repele para cima e para a frente. A pessoa pode sentir as costelas se expandindo, e o torso inteiro ficando livre, à medida que o peso se transfere para a perna dianteira. As versões do estilo Wu e do estilo Yang apresentam certa

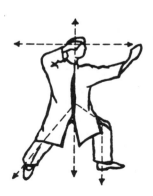

semelhança, com o gesto de dobrar e de repelir fazendo parte delas. Embora o movimento apresente um virar para a esquerda ou para a direita, o fogo e a água, o movimento visivelmente relacionado é o de Avançar, o Metal. Yang Cheng-fu mostra a mão dianteira desferindo golpes e, atrás, a mão erguida em defesa, ou agarrando. Ele descreve todas as posições dos braços, como que a se parecer com um braço de candeeiro, e isso é uma bela comparação. Às vezes, os principiantes abaixam a mão que está atrás e a aproximam da cabeça. Isso seria inútil no parar um golpe desferido contra a cabeça, de modo que tanto para o exercício como também para a aplicação deveria estar bem afastado do topo da cabeça e ao lado. Se a forma é realizada dessa maneira, haverá muito espaço reservado na ação, quando a pessoa defende a cabeça.

Mover as Mãos como [Nas] Nuvens — Mãos como Nuvens

Nuvens grandes, alongadas ou de forma arredondada, a depender do mestre e do estilo. Se os estudantes do Tai Chi se vissem abandonados numa ilha deserta, e se apenas lhes fosse permitido levar consigo um movimento, a postura das Mãos como Nuvens seria a opção de muitos deles. Acredito que também seria a minha. A postura das Mãos como Nuvens é um tipo de série independente de movimentos semelhantes realizados alternativamente à esquerda e à direita, com a pessoa dando pequenos passos para os lados. Esse movimento traz em si o Fogo, a Água e a Terra. Os braços e as mãos descrevem círculos que ultrapassam o nível da garganta e a parte inferior do abdômen os quais se entrecruzam como nuvens no céu. Seria mais acertado dizer que esses círculos apresentam mais semelhança com movimentos parabólicos, porém, por vezes, é bem forte a tentação de lhes conferir uma forma totalmente circular. Os estilos Wu e Yang diferem no modo com que a postura das Mãos como Nuvens é realizada, e o estilo Chen apresenta uma etapa intermediária muito rara no Tai Chi, embora seja amiúde encontrada em outras artes marciais chinesas; talvez essa etapa seja uma indicação de algumas das origens de Chen. Apesar de os estilos Chen e Wu terem os seus pontos fortes, eles não trazem em si a mesma satisfação estética do estilo Yang. Sem que necessite de muita imaginação, a pessoa pode perceber todos os primeiros seis movimentos dos Oito Portões das Mãos como Nuvens.

Com a Mão Erguida, Acariciar o Cavalo — Elevar o Corpo para Examinar o Cavalo

Obviamente, o primeiro nome foi dado por alguém que era apaixonado por cavalos, e o outro por um veterinário! No sentido e na ação, esse movimento é semelhante ao Repelir o Macaco,

contudo apresenta uma aplicabilidade diversa. Yang Cheng-fu mostra a mão mais baixa desferindo um golpe para baixo, e a mão erguida atacando o rosto ao mesmo tempo, o corpo mais empertigado. Por ser um movimento de recuo, característico da Madeira, a postura Com a Mão Erguida, Acariciar o Cavalo às vezes é vista no estilo Yang com a pessoa tendo o corpo bem abaixado.

Pontapés — Afastar o Pé Direito, etc.

Algumas versões dos atos de pontapé ocorrem no Tai Chi; algumas dessas versões estão combinadas com a pessoa dando grandes saltos, assim como no estilo Chen. Em geral, essas versões não são muito enfatizadas no treinamento, sobretudo no estilo Yang. Como regra geral, a pessoa pode dizer que a perna que sustenta pouco peso numa postura é, em potencial, a perna que dá o pontapé, a perna utilizada para defender um pontapé ou para dar uma rasteira no adversário. É comum que ao pontapé se siga a ação de

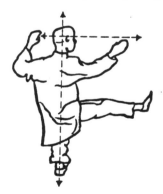

separar os braços para os lados ou obliquamente. A altura dos pontapés não raro se limita à altura da cintura, no treinamento da forma, mas é claro que um pontapé pode ser mais alto quando isso for necessário. Os estudantes precisam ter um considerável senso de equilíbrio para dar o pontapé, e em alguns casos eles têm de ser capazes de girar sobre uma perna, conservar o equilíbrio e depois chutar, tudo isso num fluxo ininterrupto. Pode-se argumentar no sentido de enquadrar os pontapés em qualquer uma das categorias das Cinco Atividades.

Golpear o Tigre — Domar o Tigre

De todas as posturas do Tai Chi, esta é a que mais se parece com os movimentos que se aproximam dos movimentos da escola Shaolin ou da escola de estilo pesado. Um dos braços está erguido com o punho cerrado para proteger o rosto, e o outro abaixado, também com o punho cerrado, a fim de proteger o abdômen e a virilha. No estilo Chen, esse movimento se parece com um movimento do Karatê. Postura semelhante é vista nos guardiães do templo chineses e coreanos, nas antigas estátuas de pedra ou nas esculturas em baixo-relevo defronte dos pórticos dos templos, as figuras a exibir os rostos paralisados, com um olhar feroz para espantar os intrusos. Trata-se de uma postura firme, estável, que lembra a do Equilíbrio, a Terra. Ela parece dizer que nada haverá de me fazer sair dessa posição, nem mesmo um tigre. Todos os discípulos de Yang Cheng-fu parecem ter usado a tradução dada acima do nome dessa postura, porém outro nome foi dado e atribuído a Yang Chen-fu. O nome é Ocultar o Tigre Revela o Rosto Dele. À medida que as mãos se levantam e se abaixam, o rosto do tigre seria visto entre elas? É possível.

Desferir Golpes com Ambos os Punhos

Este é um movimento tão agradável para os músculos das costas quanto a postura das Mãos como Nuvens é para o senso de cinestesia. Lembra-me aprender esse movimento há muito tempo, e ainda posso recordar o prazer que me proporcionou levar os braços para trás e para os lados, para fora, para cima e para a frente. Ambos os braços se movimentam juntos, e o punho cerrado, mas com os polegares dobrados para fora, golpeiam um adversário em ambas as têmporas no mesmo instante. Trata-se de um Avançar, o movimento do Metal sem aparente relação com qualquer um dos Oito Portões.

Separar a Crina do Cavalo Selvagem

Este é um movimento livre e ininterrupto, que lembra o Vôo Oblíquo, mas ele não é ininterrupto como este. Há diversas variações no estilo Yang, mas, fundamentalmente, a mão é levantada, a palma para cima, no nível da garganta, e a outra mão desce até a altura da coxa. Esta postura pode ser um golpe desfechado contra o pescoço, uma parada, um puxar para baixo — várias coisas ao mesmo tempo. Vista como um todo, essa ação é uma ação de Avançar, e, portanto, se relaciona com o Metal. Nos movimentos do Tai Chi, há diversos movimentos diminutos, pequenos giros, torções e movimentos de ondulação do corpo que não podem ser descritos com propriedade por meio das palavras. Esses movimentos precisam ser vistos em vídeo ou ser ensinados por um mestre.

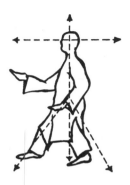

Não é possível esperar dos principiantes que os avaliem a todos de imediato, e isso talvez seja por que, no momento em que foi criada a Moderna Forma de Pequim da Vigésima Quarta Etapa, todos os movimentos intermediários que interligavam as posturas foram ensinados como se fossem posturas em si mesmos. Semelhante abordagem proporciona uma boa apreciação da posição final para cada postura. Por exemplo, na postura do Separar a Crina do Cavalo Selvagem, a postura intermediária mostra um giro para fora de 45 graus, até o sentido final, e depois um passo para frente e um passo no sentido final. Isso introduz a Água, quando a pessoa se volta para a Esquerda, ou introduz o Fogo, se a pessoa vira para a Direita, seguindo-se, em ambos os casos, pelo Avançar, o Metal. Ao vermos o quadro experimental posteriormente neste capítulo, encontraremos traços do Metal bem ressaltados nesse movimento.

A Bela Senhora Tece e Empurra a Naveta — A Donzela de Jade Trabalha com a Naveta

Ambos os braços estão erguidos acima do nível do ombro nessa postura, assim como em O Leque Penetra as Costas. Não é comum encontrarmos os braços levantados no alto no Tai Chi, certamente não nas Treze Posturas originais. Os críticos podiam dizer que isso deixa o corpo desprotegido com relação a pontapés, que isso levanta o centro de gravidade e assim por diante. Por outro lado, se a cabeça deve ser protegida, as mãos têm de ser levantadas e, do ponto de vista de um exercício, há apenas um pequeno número de formas para exercitar os ombros sem proceder dessa maneira. Assim sendo, não se trata de uma crítica fundamental.

O movimento da Bela Senhora é um movimento de Avançar, — o Metal —, mas pode ser realizado à Esquerda ou à Direita — a Água ou o Fogo. Ele está mais próximo do Repelir e do Aparar do que de qualquer outro dos Oito Portões. Nas formas Yang, esse movimento é realizado nos quatro sentidos da bússola, com uma forte torção para dentro do pé dianteiro a fim de mudar de sentido e de alterar o peso. Os iniciantes por vezes acham difícil esse movimento intermediário, já que não podem dobrar o pé para dentro o suficiente a princípio. Esses movimentos lembram um movimento

encontrado no Pa-kua, o Boxe dos Oito Trigramas, em que os braços cingem o corpo e o protegem à proporção que se realiza um movimento de torção. Durante essa mesma seqüência de movimentos intermediários, o equilíbrio é mais ameaçado do que de costume; dessa forma, ao realizar os movimentos, é preciso tomar cuidado para conservar o centro de gravidade até impedir isso.

O Faisão Dourado Apóia-se em uma Pata

Este movimento está radicalmente distante de tudo o que se viu antes, e ele apresenta uma postura imponente, a pessoa se apoiando numa perna e erguendo a outra coxa até uma posição horizontal. O gesto pode ser utilizado para atacar um oponente na virilha, com o joelho erguido, castigando-o debaixo do queixo com a palma da mão levantada. É possível interpretar essa postura como o Equilíbrio, a Terra, de vez que o equilíbrio é uma parte essencial desse movimento.

O Chicote Simples com o Corpo Acachapado — A Serpente que Rasteja

Essa postura é como a postura do Chicote Simples, exceto que, ao realizá-la, a pessoa se agacha e se apóia sobre a perna traseira e transfere o peso de volta para a perna dianteira. A mão que está à frente protege a virilha, e depois passa a atacar o oponente na virilha. Trata-se de uma postura difícil de ser realizada; a flexibilidade está na ordem do dia, e também pernas fortes. Exercite-se nesta postura com cautela.

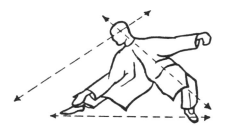

A Serpente Branca Dardeja a Língua

Nesta postura, a pessoa faz uma das mãos serpear sobre outra e, com os dedos estirados, castiga uma parte vulnerável do corpo do oponente, assim como a garganta ou os olhos. Trata-se de um movimento de Avançar e, dessa forma, de um movimento que se associa ao Metal.

Dar um Passo à Frente e Formar o Sete-estrelo

Nas formas Yang, esse é um movimento que freqüentemente segue A Serpente que Rasteja, e ele se vale dos punhos cruzados

sobre os pulsos. Esse movimento pode ser considerado como sendo constituído por dois golpes sucessivos ou por uma ação de bloqueio que utiliza os punhos cruzados. É também um movimento de Avançar ou relacionado com o Metal.

Recuar e Cavalgar o Tigre

Como sugere o nome, um movimento relacionado com um Recuar, à Madeira, que, em certos aspectos, semelha a Cegonha Branca. Yang Cheng-Fu faz demonstrações dele como sendo uma

ação de parada dupla que parece se adequar muito bem a esse movimento.

Voltar-se e Varrer o Lótus

O único gesto que envolve um giro no estilo Yang. O peso é transferido para o pé direito, e a pessoa faz um giro de 360 graus à direita, para abaixar o pé esquerdo, voltear o pé direito para fora e para cima, e depois para a direita, roçando as mãos estendidas com o pé. Na verdade, essa postura não se relaciona com nenhuma das Treze Posturas, e, portanto, é difícil de ser realizada. A perna direita comumente é vista como um pontapé impetuoso dado contra o corpo do oponente. No estilo Chen, o salto seguido do chute no

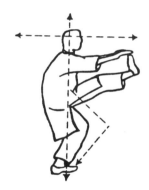

ar é comum, e talvez a postura do Varrer o Lótus seja um dos vestígios desse tipo de ação presente no estilo Yang. Do ponto de vista do corpo, é difícil produzir força num pontapé que percorre esse sentido em especial.

Atirar no Tigre com o Arco

Esta é uma postura que apresenta diversas variações só no estilo Yang, e é uma postura que aprendi e reaprendi a realizar sucessivas vezes de forma diferente. A postura lhe dá a impressão de estar desferindo dois golpes, um na altura da cabeça e o outro na altura do peito. Tamanha é a relação das mãos que você podia estar segurando um arco e o curvando. Yang Cheng-fu diz que esse movimento se destina a atacar o oponente no peito.

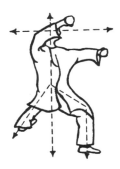

A Agulha no Fundo do Mar

Esse é um movimento único no Tai Chi. Nele, o corpo se inclina bem para a frente, com a palma esquerda e os dedos por vezes tocando o pulso da mão direita, como na postura do Pressionar para a Frente. Essa postura pode ser interpretada como sendo um ato de

puxar forte para baixo, e, já que nas formas Yang a esta postura pode-se seguir o movimento do Leque que Penetra as Costas, ela também pode ser um movimento desconcertante capaz de desequilibrar o adversário trazendo-o para a frente, e isso produz uma tendência à queda, a qual o Leque pode realizar.

As origens dos nomes das posturas é um mistério. O que são esses tigres que surgem? Na China, seria o ato de tecer semelhante ao da Bela Senhora? Que macaco está sendo repelido? É possível perceber que os nomes podem ser divididos em três categorias. Uma categoria descreve simplesmente uma ação: Aparar. Uma descreve uma ação da vida cotidiana — a Bela Senhora Tece e Empurra a Naveta. Uma categoria se associa à cultura chinesa ou à mitologia: Abraçar o Tigre e Voltar para a Montanha. Devo deixar a alguém mais versado em história da cultura chinesa a tarefa de pesquisar os detalhes desse assunto.

Os leitores talvez achem interessante e instigante ver uma análise dos movimentos da Forma Longa do estilo Yang em termos da freqüência dos Oito Portões ou posturas, e das Cinco Atividades, combinados com outros aspectos da vida, tais como os órgãos do corpo do modo como figuram na medicina chinesa tradicional. Tal análise é feita nas pp. 72-73 deste livro. Semelhante análise deveria ser considerada tão-somente como um exemplo da maneira típica dos chineses de olhar para fenômenos diferentes e de os relacionar; não como uma versão definitiva. Essa análise exemplifica o que os estudiosos chineses e ocidentais disseram acerca do pensamento chinês — que ele busca as relações ou as correspondências em vez das causas e dos efeitos imediatos.

Estaremos às voltas com esse problema diversas vezes nos capítulos finais. Essa abordagem, em vez de descrever "coisas" descreve processos. Ela é mais bem exemplificada quando nos referimos à medicina chinesa tradicional, em que se faz um quadro pormenorizado de um paciente mediante um exame a partir de diversos pontos de vista, e depois, se o quadro apresenta falta de equilíbrio, encontram-se os meios de restituir o equilíbrio, freqüentemente por via de muitos tratamentos realizados de uma só vez. Obviamente, esse ponto de vista está ganhando terreno na medicina ocidental, e já se consolidou no mundo da física.

Movimentos intermediários foram deixados à margem dessa análise, porém há referências sobre eles nas páginas que se seguem. É importante observar que o número total das posturas depende de como são elas analisadas. É possível que algumas pessoas não concordem com essa análise, porém há um exemplo para ela, à proporção que ela se desenvolve. Quaisquer que sejam os méritos ou deméritos dessa análise, ela possibilita a base para a reflexão e a comparação.

Das Cinco Atividades, estão presentes na tabela:

81 posturas que correspondem ao Metal — ao Ocidente — aos Pulmões — ao Intestino Grosso
25 posturas que correspondem à Madeira — ao Oriente — ao Fígado — à Vesícula Biliar
24 posturas que correspondem à Terra — ao Centro — ao Baço — ao Estômago

Depois disso, um pouco das sete tendências amalgamadas, das atividades dos órgãos do corpo, a partir de duas áreas do Fogo e da Água. Lembre-se que, nesse caso, as tendências nada têm que ver com as tendências consideradas do ponto de vista da forma, mas com as correspondências estabelecidas no Tai Chi e nas teorias da medicina. Em face disso, portanto, há aproximadamente três vezes o número de posturas associadas ao Metal, assim como das posturas associadas à Madeira ou à Terra, independentemente; e um índice que varia de três a duas vezes se considerados em combinação. A esta altura, devemos olhar para os movimentos intermediários e para os movimentos menores que só são visíveis quando você pratica as formas por si próprio.

Anteriormente, ressaltou-se que a pessoa passa pelo Centro, o Equilíbrio, a atividade relacionada à Terra, constantemente, e que, em toda a forma, a atividade do Olhar para a Esquerda e para a

Forma Longa do Estilo Yang — Análise

	Tempos Usados	Fase Dominante	Direção	Órgão Yin	Órgão Yang
Início	1	Terra	Centro	baço	estômago
Aparar	11	Metal	Oeste	pulmões	intestino grosso
Baixar	8	Madeira	Leste	fígado	vesícula biliar
Repelir	8	Metal	Oeste	pulmões	intestino grosso
Pressionar	8	Metal	Oeste	pulmões	intestino grosso
Chicote Simples	11	Metal	Oeste	pulmões	intestino grosso
Erguer as Mãos	5	Madeira	Leste	fígado	vesícula biliar
Garça Branca	3	Terra	Centro	baço	estômago
Roçar do Joelho	10	Metal	Oeste	pulmões	intestino grosso
Dar um Passo Curvar-se	5	Metal	Oeste	pulmões	intestino grosso
Porta Fechada	3	Terra	Centro	rins/baço/coração	vesícula/estômago intestino delgado
Mãos Cruzadas	1	Terra	Centro	rins/baço/coração	vesícula/estômago intestino delgado
Abraçar o Tigre	2	Fogo/Água	Norte/Sul	rins/coração	vesícula/intestino delgado
Golpe com o Cotovelo	1	Terra	Centro	baço	estômago
Fender	4	Metal	Oeste	pulmões	intestino grosso
Macaco	7	Madeira	Oeste	fígado	vesícula biliar
Oblíquo	2	Metal	Oeste	pulmões	intestino grosso

Agulha	2	Madeira	Leste	fígado	vesícula biliar
Leque	2	Metal	Oeste	pulmões	intestino grosso
Mãos como Onda	14	Terra	Centro	baço	estômago
Acariciar o Cavalo	2	Madeira	Leste	fígado	vesícula biliar
Pontapés	10	Metal	Oeste	pulmões	intestino grosso
Golpe para Baixo	2	Metal	Oeste	pulmões	intestino grosso
Domar o Tigre	2	Terra	Centro	baço	estômago
Ambos os Punhos	1	Metal	Oeste	pulmões	intestino grosso
Crina do Cavalo	3	Metal	Oeste	pulmões	intestino grosso
Bela Senhora	4	Metal/	Oeste/	pulmões/	intestino grosso/
		Água/	Norte/	rins/	vesícula/intestino
		Fogo	Sul	coração	delgado
Serpente que Rasteja	2	Metal	Oeste	pulmões	intestino grosso
Faisão Dourado	2	Terra	Centro	baço	estômago
Serpente Branca	1	Metal	Oeste	pulmões	intestino grosso
Sete-estrelo	1	Metal	Oeste	pulmões	intestino grosso
Cavalgar o Tigre	1	Madeira	Leste	fígado	vesícula biliar
Curvar o Arco	1	Fogo/	Sul/	coração/	intestino delgado/
		Metal	Oeste	pulmões	intestino grosso

Este quadro deveria ser examinado considerando-se o que se disse neste capítulo acerca dos movimentos intermediários e de ligação.

Segue-se uma lista das posturas na Forma Longa do estilo Yang com os nomes abreviados no caso de nomes muito longos. Por exemplo, a postura do Abraçar o Tigre e Voltar para a Montanha se torna Abraçar o Tigre. Se uma postura é feita mais de uma vez numa seqüência, isso é mostrado pelo sinal de multiplicação e pelo número de vezes que ela ocorre, por exemplo Macaco x 5. Leia cada coluna começando do lado esquerdo da página.

Começo
Aparar à Esquerda
Aparar à Direita
Pressão para Trás
Pressão para a Frente
Pressionar
Chicote Simples
Erguer as Mãos
A Garça Branca
Roçar com o Joelho x 5
Tocar a "Pipa" x 2
Avançar
Fechar a Porta
Abraçar o Tigre
Aparar
Pressionar para Baixo
Pressionar para a Frente
Pressionar
Chicote Simples
Golpe com o Cotovelo

Pontapés x 3
Roçar com o Joelho x 2
Golpear
Voltar-se e Fender
Recuar
Chutar
Domar o Tigre x 2
Chutar
Golpe Dois Punhos
Pontapés x 3
Fender
Avançar
Fechar a Porta
Abraçar o Tigre
Aparar
Pressionar para Baixo
Pressionar para a Frente
Pressionar
Chicote Simples
Crina do Cavalo x 3

Macaco x 2
Vôo Oblíquo
Erguer as Mãos
Garça Branca
Roçar com o Joelho
Agulha no Fundo do Mar
Leque Penetra nas Costas
A Língua da Serpente Branca
Avançar
Aparar
Pressionar para Trás
Pressionar para a Frente
Pressionar
Chicote Simples
Mãos como Nuvens x 5
Chicote Simples
Acariciar o Cavalo
Cruzar as Mãos
Pontapé
Roçar com o Joelho

Macaco x 5
Vôo Oblíquo
Erguer as Mãos
Garça Branca
Roçar com o Joelho
Agulha no Fundo do Mar
Leque Penetra nas Costas
Voltar-se e Fender
Avançar
Aparar
Pressionar para Trás
Pressionar para a Frente
Pressionar
Chicote Simples
Mãos como Nuvens x 5
Chicote Simples
Acariciar o Cavalo

Aparar à Esquerda
Aparar à Direita
Pressionar para Trás
Pressionar para a Frente
Pressionar
Chicote Simples
Bela Senhora x 4
Aparar à Esquerda
Aparar à Direita
Pressionar para Trás
Pressionar para a Frente
Pressionar
Chicote Simples
Mãos como Nuvens x 5
Chicote Simples
A Serpente que Rasteja
O Faisão Dourado x 2

Bater
Aparar
Pressionar para Trás
Pressionar para a Frente
Pressionar
Chicote Simples
Sete-estrelo
Cavalgar o Tigre
Pontapé
Curvar o Arco
Fender
Avançar
Fechar a Porta
Conclusão

Direita aparece na forma repetidas vezes, nos movimentos intermediários. Se levamos em conta esses movimentos menores, altera-se o equilíbrio das atividades. Porém, observando o quadro do modo como ele se apresenta encontramos uma seqüência de movimentos em grande parte yang, parcialmente contrabalançada por movimentos yin. Isso parece frustrar a idéia do Tai Chi como um tipo de exercício yin, a não ser que se formule a questão da *forma* como são executados os movimentos, e também todos os movimentos invisíveis e menores. Só fazendo isso podemos enquadrar o Tai Chi no campo yin ou, pelo menos, fazer um balanço do yin e do yang presentes nele, a girar no eixo da Terra, o Equilíbrio.

Para os estudantes ocidentais do Tai Chi, isso põe em questão a visão ocidental, amplamente difundida, do Tai Chi como uma forma de exercício yin. Lembre-se que no capítulo sobre a história, o estilo Chen, dando grande ênfase à luta, à agilidade e à força, foi o pai da moderna arte do estilo Yang. Umas das minhas teorias, cuja pesquisa não levei a cabo, é a de que durante os anos de 1960 e de 1970, quando o movimento *hippie* estava em plena atividade, muitos jovens ocidentais estavam à procura de uma experiência que lhes transmitisse paz e não-agressividade. Muitos deles começaram a estudar o Tai Chi. Os intelectuais e os visionários inspirados pelas drogas deram palestras sem conta e escreveram artigos sobre passar como um vento num mundo de sonhos de extremo *laissez-faire*. Uma abordagem frágil da filosofia taoísta e do Tai Chi parece indicar que esses dois aspectos da cultura chinesa se adequam àquele tipo de projeto de lei. A minha opinião é a de que eles não se adaptam a ele.

Uma razão a mais para a popularidade do Tai Chi como essencialmente yin é o efeito benéfico que essa arte pode ter sobre o *stress*. Muitas pessoas associaram o yin ao relaxamento e o yang à tensão. Isso também é um engano; a princípio, eu mesmo cometi esse erro. O yin pode envolver tensão, e o yang relaxamento. A seguir, veremos que a teoria do yin-yang sugere que sempre que alguma condição alcança um limite extremo, ela tem de mudar, e o yin e o yang extremados no corpo humano se enquadram nessa categoria. Uma terceira razão para o ponto de vista da predominância do yin é a grande dificuldade que há no combinar o yin e o yang igualmente na realização do Tai Chi, sobretudo na sua aplicação à postura da Pressão das Mãos ou Combate. A perícia nisso indica um mestre da arte em potencial. Se este capítulo apresenta um plano de fundo informativo e estimulante acerca da tradicional filosofia chinesa e acerca da interpretação dela no Ocidente, ele alcançou, pois, o seu objetivo.

3. A Pressão das Mãos e o Combate

Quando um estudante do Tai Chi tem estado aprendendo a forma por algum tempo, o mestre haverá de começar o treinamento da Pressão das Mãos (Tui Shou) e depois prosseguirá no treinamento da utilização dos movimentos de combate (San Shou). A Pressão das Mãos é um método muito formal de treinamento, em que dois estudantes se postam um em frente ao outro e pousam a mão um no ombro do outro. Depois, eles pressionam e param, alternadamente, utilizando uma variedade de métodos encontrados na forma, tais como Pressionar, Baixar, Repelir, Aparar e assim por diante. A princípio, isso se faz sem que se mova os pés. Aqui, o objetivo é acostumá-los a exercer a força e a ceder a ela utilizando apenas os braços, o torso e as pernas imóveis. Posteriormente, a Pressão das Mãos seguida de passos é introduzida, e há também movimentos formais ou elaborados previamente nesta fase. Um dos métodos de treinamento mais complexos aqui se chama A Dança, Ta-Lu. Trata-se de uma "dança", no sentido em que os estudantes se movem conjuntamente em certas direções, as mãos sempre em contato de diversas maneiras.

A intensidade da força, a velocidade e o tipo de movimento utilizados em toda classe haverão de depender da atitude adotada pelo mestre. Tudo isso *pode* aumentar à proporção que os estudantes se tornam mais proficientes, entretanto, alguns mestres preferem conduzir as coisas de um modo pouco intenso. Todas as variações na ação podem ser admitidas na classe — o objetivo continua a ser o mesmo. Este objetivo é o relaxamento do corpo, o ser sensível à força que se manifesta, tal como um ato de pressionar; é também objetivo não dar vazão a sentimentos de agressividade, e aprender a utilizar ao máximo o peso do próprio corpo e o peso do corpo do oponente. De maneira inevitável, certo elemento de caráter competitivo está presente na Pressão das Mãos, porém, em geral, a pessoa tenta eliminar essa tendência se concentrando nos outros fatores aludidos acima. Um estudante tenta manter o equilíbrio enquanto o outro estudante tenta fazer com que ele o perca, e, depois, as funções são trocadas.

Algumas classes de Tai Chi de fato não praticam a Pressão das Mãos. Sem ela, porém, interrompe-se o desenvolvimento no Tai Chi. Quando um estudante realiza apenas as formas *solo*, é possível imaginar que o equilíbrio é satisfatório, o relaxamento profundo e a postura correta; em resumo, que tudo transcorre corretamente. Quando um outro estudante põe a mão em você e o pressiona, todas essas suposições são postas à prova; trata-se da realidade em contraposição às ilusões que a pessoa pode ter. Obviamente, nisso há um acentuado fator psicológico. Para a maioria das pessoas, é impossível relaxar e soltar o corpo enquanto existe certo ressentimento e recusa íntima do que está se passando. O estado emocional transparece nos músculos e nos nervos, nas posturas e na conduta como um todo, apesar de a pessoa visar ao equilíbrio. Esta luta pela paz interior e pelo desapego é uma das razões por que o Tai Chi é chamado de arte marcial *interior*. Se o interior e o exterior não correspondem um ao outro, o exercício do Tai Chi não será satisfatório. As artes marciais exteriores se valem da agressividade, de expressões fisionômicas temíveis, de força muscular e de brutalidade. As artes marciais interiores também necessitam de um pouco de força, mas procuram a paz interior, a boa vontade em ser sensível aos outros, e o desejo de descobrir coisas e de aprender. Sem isso, a pessoa perde o equilíbrio.

Uma outra palavra importante que por vezes ouvimos associada a essas duas abordagens distintas é a palavra "suavidade". Amiúde, as artes marciais interiores são chamadas de suaves. Isso levou alguns estudantes a interpretar essa palavra como que a ser sinônimo de fracas; mas isso é um erro. Suave significa algo que é uma conseqüência de ter o equilíbrio certo entre coisas interiores e exteriores. Trata-se de um tipo de elasticidade, assim como a elasticidade da borracha, que, recurvada, no entanto retorna à forma. Considerando que é contrário ao nosso comportamento habitual ser desta maneira, o treinamento na área da Pressão das Mãos é uma prova muito maior do Tai Chi praticado pela pessoa do que o treinamento na sua forma *solo*. Trata-se de um estudo que a pessoa empreende a vida inteira, e que continua a estudar mesmo depois de não pertencer mais a determinado grupo de Tai Chi.

Esse aspecto que envolve atentar para o interior da pessoa é encontrado na doutrina taoísta, no Budismo Ch'an e no Zen-Budismo, entre outros. Um exemplo excelente vem de uma carta escrita por Takuan no século XVII, o famoso abade de um mosteiro zen, o Daitokuji, que fica em Quioto, no Japão.[6] Essa carta foi endereçada a um espadachim chamado Yagyu Tajima No Kami Munenori. Ao escrever sobre o estado interior de um espadachim durante o treinamento e a luta, diz ele:

> Procure não contra-atacá-lo reagindo a uma investida dele; não se detenha em nenhum pensamento que envolva movimentos calculados. Capte simplesmente o movimento do adversário: não permita que a sua mente "se detenha" nele; mova-se apenas com relação ao oponente e faça com que o seu ataque se volte contra ele mesmo... O Kwannon Bosatsu (Avaloketisvara) muitas vezes é representado como uma figura de mil braços, cada qual segurando um instrumento. Se a mente dele "se detiver" na utilização, por exemplo, de um arco, todos os outros braços, os novecentos e noventa e nove restantes, não terão nenhuma utilidade. Só pelo fato de a mente dele não "se deter" no uso de um braço, mas passar de um instrumento a outro, é que todos os braços se mostram úteis com o máximo grau de eficiência.[6]

O que foi dito acima exemplifica de modo claro o princípio do não se fixar, do não "se congelar", do não gerar tensão como conseqüência do desejo de vencer a qualquer preço ou como conseqüência do ressentimento. Necessita-se do movimento contínuo e fluido a fim de que o oponente na Pressão das Mãos não tenha nenhum ponto em que apoiar os seus braços para pressionar com força. Assim como todas as outras coisas, a Pressão das Mãos pode se transformar num hábito, no sentido de que determinada rotina com um oponente habitual pode os embalar a ambos num estado de sono em que nada se altera. Eis por que a Pressão das Mãos deveria ser variada, e eis por que ela dever-se-ia estender às sessões de treinamento em práticas de combate.

Nesse tipo de sessão, não há apenas atos de pressionar, mas também atos de segurar e repelir, e isso leva o Tai Chi para mais perto da arte marcial chinesa do Chin-na, ou a arte de agarrar. Abordaremos isso com mais pormenores no capítulo 5. Tais aspectos não estão fora das tradições do Tai Chi. Yang Cheng-fu, Cheng Man-ch'ing e muitos outros mestres do Tai Chi fizeram comumente uso de técnicas que estavam fora da área exclusiva da Pressão das Mãos. Ainda que haja no Ocidente idéias contraditórias sobre isso, o combate no Tai Chi, do meu ponto de vista, é algo necessário, ao menos para uma pequena parte do treinamento. Esta prática é uma prova real da perícia, da sensibilidade e da atitude da pessoa. Teoricamente, a pessoa deveria ser capaz de evitar ser agarrada ou repelida sem que perdesse o equilíbrio. Poucas pessoas são capazes disso, mas o objetivo continua a ser fazer com que a pessoa supere dificuldades maiores. Pelo menos, sempre há um momento de imprudência em que o oponente o agarra sem força, e este é o momento de escapar a este gesto.

O peso do corpo é, em si mesmo, um fator desprezado por muitos estudantes. Estamos tão acostumados a utilizar apenas os nossos músculos para cumprir determinada tarefa que esquecemos de usar o nosso peso. Até mesmo uma pessoa que pesa somente 50 quilos tem a possibilidade de jogar o peso contra um adversário ou de o afastar dele. Se a pessoa descobre o meio certo para fazer isso, a força contida num movimento pode ser muito intensificada. No começo desse século o pequeno e magro boxeador galês, Jimmy Wilde, costumava nocautear homens muito mais pesados do que ele. Ele foi apelidado oportunamente de "o fantasma de martelo na mão".

No Tai Chi, o combate pode ser ligeiro e variado, e as exigências com respeito à pessoa se mover mais velozmente e fazer face a uma variedade de situações requerem uma adaptação imediata. Isso quer dizer que a pessoa deve aprender a ser espontânea, criativa. Descobriu-se que quando esses lances de criatividade e de espontaneidade são observados, eles por vezes semelham movimentos presentes nas duas artes interiores do Hsing-I e Pa-kua. Talvez seja acertado dizer que a espontaneidade contribuiu para a formação de novos estilos da mesma forma que as revelações dos deuses nos sonhos de Chang San-feng.

Os professores de dança moderna que por si mesmos examinaram a função do sistema nervoso nesta arte salientaram que existe uma hierarquia de comandos nesse processo. Os movimentos espontâneos advêm de uma parte diferente do lugar de onde procede a ação habitual, de modo que podemos exprimir o que tentamos fazer em termos de nos mover para uma parte diferente de nós mesmos. O hábito, a vontade de vencer a qualquer preço, a raiva, o orgulho, o egoísmo e assim por diante impedem todos a espontaneidade e a criatividade. A pessoa percebe esse efeito nas competições de boxe repetidas vezes, e no judô, práticas em que os movimentos são muito mais fáceis de seguir do que os movimentos no treinamento da Pressão das Mãos. Amiúde, é evidente para um espectador que o disputante que certamente perde o assalto está continuando a fazer uso dos mesmos golpes ineficazes e até mesmo perigosos que o estão fazendo perder a luta, porém ele não adapta a sua tática, tampouco a altera. A mente dele "se detém", para fazermos uso da expressão de Takuan, porque ele é presa do medo, do hábito ou de maus conselhos. O homem ou a mulher que está certamente vencendo a luta se sente muito mais livre, sente uma confiança e uma engenhosidade muito maiores, permite que as técnicas prossigam sem interrupção, e de forma alguma faz com que a mente "se detenha" em algo. Embora as coisas não ocorram sempre assim, o número de vezes com que ocorrem basta para conferir validade a essas afirmações.

Os métodos mais amplamente utilizados de levar a cabo a Pressão das Mãos no Ocidente são os introduzidos primeiramente por Cheng Man-ch'ing. Os métodos desse homem, as suas idéias e as modificações por ele feitas no estilo Yang do Tai Chi tiveram certa influência no Reino Unido e nos Estados Unidos numa proporção muito maior do que a influência dos demais ensinamentos. Em parte, isso se deve à categoria daquele homem, mas também à promoção desta técnica na forma de livros e artigos. Na China continental, ele não é tão conhecido, nem são muito conhecidos a sua forma e os seus métodos de Pressão das Mãos.

Por motivos pessoais, as demonstrações que ele fazia da Pressão das Mãos ficaram muito aquém da sua própria capacidade e parece que ele deixou a tarefa de fazer isso de modo satisfatório a discípulos seus tais como William Chen, de Nova York, que também desenvolveram a técnica da Pressão das Mãos segundo os seus próprios estilos. Alguns estudantes não continuaram com esse desenvolvimento, e a perícia deles tendeu a parar na forma que conheceram primeiramente. Acho isso lamentável, pois tal aspecto contradiz a natureza do próprio Tai Chi, que é a de procurar o desenvolvimento.

Nas artes marciais, a tendência de assimilar conhecimentos sem os desenvolver é predominante. Em parte, isso se deve a um sentido de fidelidade para com o mestre e para com a tradição, e em parte à crença de que a forma ensinada é a "melhor forma"; isso também se deve a certa deficiência em assimilar os princípios fundamentais; os princípios que constituem a própria base da teoria do yin-yang, a que, segundo os estudantes do Tai Chi, liga-se a arte deles. Os princípios, e não a forma exterior, deveriam orientar o que se faz no Tai Chi, quer isso seja a forma *solo*, quer a Pressão das Mãos. Ao mesmo tempo, isso não quer dizer que aos iniciantes não se deva transmitir técnicas e "hábitos". Como escreveu Takuan a esse respeito: "... o genuíno principiante nada sabe acerca dos modos de segurar e de manejar a espada, e muito menos acerca da preocupação consigo próprio. Quando o antagonista tenta atacá-lo, ele instintivamente defende o golpe."[6] É preciso que se lhe ensine algo, para que ao fim e ao cabo ele possa esquecer o que aprendeu.

Quando nos voltamos para a realização da Pressão das Mãos, excluindo os passos, descobrimos que a maior parte dos movimentos é realizada na Postura do Arco — o pé direito ou esquerdo à frente concentrando a maior parte do peso, o joelho dobrado e a perna de trás quase estirada. Quando o peso é transferido para a perna de trás — um tipo de Postura do Arco às avessas, freqüentemente chamada de Postura Vazia — essa perna concentra a maior parte do peso e a perna dianteira se dobra ligeiramente. A Postura do Arco é utilizada para os movimentos de avanço do Pressionar, do Aparar e do Repelir, e também para o Passo Vazio e para o Baixar, movimento de recuo. Pressionar e ceder, avançar e recuar, tudo isso caracteriza um padrão de curvas, embora o ato de repelir a princípio tenda a ser direto. Uma boa maneira prática de proceder é dizer que para diminuir a força de uma pressão numa linha a prumo você a conduz numa curva, e que para contra-atacar o efeito de uma curva realizada delicadamente você se vale de novo de uma linha a prumo. Para fazer isso, é preciso que você não tenha idéias preconcebidas, de vez que você nunca sabe de antemão o que sucederá. A Pressão das Mãos nos estágios iniciais é realizada pousando uma das mãos no punho do adversário e a outra no cotovelo, impedindo, assim, um possível golpe ou um golpe com o cotovelo. Além disso, controlando o cotovelo, você dispõe de certa quantidade de certa força de alavanca que atua diretamente sobre o tronco do seu adversário por meio da parte superior do braço dele, de preferência como um cabo manobrável de um pesado trem elétrico. Posteriormente, essa posição da mão pode ser alterada para uma pressão sobre o ombro, o peito, os quadris e até mesmo sobre os joelhos. Em geral, a Pressão das Mãos não inclui a cabeça, já que ela poderia causar danos às vértebras cervicais no pescoço. Outras partes do corpo também são utilizadas para o ato de pressionar; o cotovelo, o ombro, o corpo de lado e até mesmo as nádegas; estas três últimas, para ser utilizadas, necessitam de um trabalho muito minucioso.

O movimento da Pressão das Mãos sem que se mova os pés em geral é traduzido como Pressão das Mãos com os Pés Imóveis. A despeito da confusa tradução do nome, ele se afirmou e cristalizou, e, contanto que você saiba o que ele quer dizer, não há nenhum mal nisso. A maioria das traduções para o inglês das expressões chinesas do Tai Chi diferem umas das outras, como veremos a seguir, ao fazermos uma comparação dos nomes de uma e de outra forma com armas; porém, não raro há uma palavra em qualquer tradução que fornece a pista, uma palavra como Naveta ou Garça, para a postura ou para o movimento em questão.

A falsa restrição quanto ao movimento da perna na Pressão das Mãos com os Pés Imóveis faz com que seja imperativo aos estudantes achar um meio de deixar o corpo recuar por si mesmo. Dobrar os joelhos pode ajudar, mas também volver os quadris e inclinar para trás o peito são aspectos importantes. Além disso, o livre movimento das omoplatas pode em grande parte ajudar nos movimentos livres do braço. O estágio seguinte deve admitir um ou dois passos para trás e para a frente a fim de que os estudantes se acostumem com a idéia de mover os pés e de, ao mesmo tempo, manter os braços em contato com os braços do oponente. O estágio seguinte pode ser a introdução do Ta-lu, ou A Dança. Esta varia de academia para academia, porém sempre se trata de uma série de passos e de movimentos arranjados previamente, que envolvem agarrar, repelir e pressionar, e eludir o ato de agarrar, ceder ao ato de repelir e ao de pressionar. Por exemplo, o estudante A pressionará no sentido sul. O estudante B cederá à pressão e recuará, agarrando, talvez, o estudante A por um braço, e o repelindo, ao mesmo tempo que recua nos ângulos certos, para Leste ou Oeste. O estudante A cede ao repelir, caminha atrás do estudante B e talvez encete alguns ataques com o Ombro. O estudante B afasta o ataque com o ombro, pressiona com as mãos, e assim por diante. A Dança mostra aos estudantes como fazer face à mudança de direção, como adaptar o trabalho com os pés e como conservar o equilíbrio no movimento.

Os estágios seguintes haverão de depender em grande parte do mestre. É possível que ele ensine variações de outras aplicações do movimento do Tai Chi, ou que ele aos poucos aumente o tempo e a força do treinamento até o nível do Combate do Tai Chi. Este é um estágio que está além dos limites deste livro, conquanto o leitor interessado possa consultar um livro sobre o assunto, de minha autoria, chamado *Tai Chi Combat*, para mais esclarecimentos. [Shambala, 1990.]

Se você olhar o quadro na página 74, você perceberá que certo número de movimentos ocorre muito mais freqüentemente na Forma Longa do estilo Yang do que nas outras. Em geral, tais movimentos tendem a ocorrer com uma freqüência muito maior na Pressão das Mãos do que supõem os outros. O Aparar, o Pressionar, o Baixar e o Repelir podem ser descritos como o aspecto central das formas do Tai Chi na sua relação com a Pressão das Mãos. A princípio, os iniciantes não podem perceber o quão diversamente esses movimentos podem ser aplicados, tampouco são capazes de perceber que as mínimas variações na realização deles, que lhes conferem um aspecto diferente do modo com que figuram nas formas, não lhes alteram a utilização intrínseca quando empregadas.

Nem todos os que tomam contato com o Tai Chi apreciam a Pressão das Mãos. Algumas pessoas querem apenas os efeitos apaziguadores e de relaxamento, conseqüência de realizar as formas. Se é forte a resistência que uma pessoa tem no sentido de aprender a Pressão das Mãos, o mestre deverá, pois, ter respeito com relação a essa resistência, porque um estudante não fará muitos progressos se nutrir ressentimentos como conseqüência de ser obrigado a fazer algo que não gosta. É possível contemporizar com pessoas que adotem essa atitude. Por exemplo, é possível lhes salientar que há algo na Pressão das Mãos que está próximo da agitação da vida cotidiana, a que, falando de modo figurado, somos pressionados, impelidos e por que nos vemos desequilibrados pelas vicissitudes da existência moderna. Sendo esse o caso, talvez seja possível transferir algumas dessas atitudes absorvidas no estudo da Pressão das Mãos para os embates da pessoa na vida moderna.

Poucas influências vindas do Oriente que percorreram o Ocidente escaparam à influência do comércio e da competição, tão implacáveis nos dias de hoje. O Tai Chi não é exceção. Algumas academias e associações atualmente organizam competições na área da Pressão das Mãos, e colocam o objetivo de vencer acima de tudo o mais, estimulando os espectadores de maneira a poderem arrecadar a renda da bilheteria. Quando entra em cena um elemento tão forte de competitividade, mata-se o espírito do Tai Chi. Ele perde o contato com as suas raízes espirituais, e começa a atuar num sentido totalmente contrário. A derrota de um adversário passa a ser uma preocupação fundamental, e a pessoa acaba esquecendo geralmente a importância de compreender a si própria. Isso é o que sucedeu ao judô muito tempo atrás. Cabe a esses estudantes que querem preservar o espírito da arte ignorar esse carnaval.

O meu próprio contato com a Pressão das Mãos no começo deu-se esporadicamente. A mim me pareceu estar em conflito com os fundamentos do Tai Chi, que eu considerava em primeiro lugar como uma arte relacionada ao yin, ao retrair. Com o passar dos anos, a minha atitude mudou. Comecei a considerá-lo como uma disciplina de não-agressão, e como um meio de utilizar atos de força sem o intento de causar danos. Quando comecei a dar aulas, senti muita satisfação ao ver homens e mulheres, alguns dos quais grandes e fortes, aprenderem a pôr em questão a vontade de vencer ou de não perder em favor de aprender algo sobre a ação recíproca do yin e do yang. Tal sentimento foi acompanhado por uma sensibilidade cada vez maior e por demonstrações de bonomia nas classes. Ver uma pessoa insegura desenvolver a confiança por ela própria depois de muito tempo foi outro aspecto positivo para mim, no cargo de mestre. Embora eu seja um mestre no sentido de que transmito tudo o que posso aos outros, a minha abordagem continuou a ser a de um estudante ao mesmo tempo. Quando um membro da classe descobria uma nova técnica durante a Pressão das Mãos, todos nós passávamos a estudá-la. Parece não haver limites para fazer descobertas no Tai Chi.

4. As Armas do Tai Chi

Na tradição das artes marciais chinesas, a perícia com uma arma sempre foi considerada como ocupando uma posição mais elevada do que a destreza com as mãos nuas. Em parte, isso acontece porque, quando a pessoa utiliza as armas, é necessário que ela demonstre mais perícia, e em parte porque, antigamente, um nobre ou um cavalheiro não haveria de se "submeter" a um combate com as mãos nuas. Os guarda-costas eram encarregados de resolver esses problemas desagradáveis. Há exceções, mas essa é a regra geral. Atualmente, essa atitude mudou, no sentido de que não há mais uma distinção de classe. No roteiro do treinamento do Wushu (artes marciais) chinês, os estudantes se deparam primeiramente com a técnica que se vale das mãos nuas, e depois com o emprego das armas; e isso exclusivamente com base no grau de dificuldade. Muitas das posições das mãos, diversas posturas e movimentos do corpo nas formas em que não se empregam armas são utilizados nas formas com armas, e um iniciante haverá de se beneficiar mais aprendendo primeiramente as formas sem arma. Quando o corpo está treinado, e quando se empunha uma arma, um estudante pode se concentrar nos complexos movimentos da espada, da lança ou do bastão sem ter de pensar acerca dos fatores fundamentais.

Nem todos os mestres ensinam as mesmas armas no Tai Chi; porém, uma escolha comum a partir da ampla série de armas do Wushu é o Jen, uma espada reta de dois gumes; o Dao, uma espada recurvada de um só gume que se parece com o que no Ocidente chamamos de cimitarra; o Ch'iang, a lança, e, por vezes, um tipo de alabarda comprida.

A esta altura, vale a pena lembrar o leitor de que as traduções dos nomes chineses para o inglês atualmente são de caráter estritamente acidental nos livros que versam sobre artes marciais. Por exemplo, a palavra para Jen também pode ser grafada como Chien. A não ser que você esteja muito atento à pronúncia, esse pormenor pode causar muita confusão. O dígrafo "ch" é por vezes encontrado nos nomes chineses. Quando a esse dígrafo se segue um apóstrofo, assim como em Ch'uan, o aspecto do punho, o "ch" é pronunciado suavemente como na palavra inglesa "church" (igreja); quando a ele não se segue um apóstrofo, como se dá no caso de Chien, o 'ch' é pronunciado como o "j" em "job" [emprego]. Dessa forma, a prática nos ensina que um apóstrofo antes de uma consoante pode ser considerado como um sinal para que se deva pronunciar brandamente, e a falta do apóstrofo indica que a pronúncia deve ser forte.

A espada do Tai Chi, o Tai Chi Chien (Jen) varia em comprimento, e o ideal seria que fosse apropriada à altura e ao peso de quem dela faz uso. Hoje em dia, as espadas que se acham à disposição incluem espadas antigas, espadas modernas de aço flexível, espadas de metal inferior, espadas constituídas de faixas de metal laminado e espadas de madeira. De vez em quando, é possível que você veja alguma espada com uma borla ligada à extremidade do cabo. Essas borlas são usadas sobretudo em demonstrações de dança com espadas e em exibições públicas em que as espadas fazem parte do espetáculo. Quando temos em vista o treinamento, é melhor retirar a borla, já que ela pode atrapalhar a pessoa e se enrolar no punho. Uma outra explicação para o uso da borla é que ela equilibra a espada nas mãos de um praticante com sensibilidade; entretanto, os que se opõem ao uso das borlas afirmam que ela de forma alguma deveria ser usada de vez que, num combate, ela pode ser agarrada por um inimigo que, desse modo, arrebata a arma às mãos de quem a empunha, ou, pelo menos, confere ao inimigo certo controle momentâneo que pode ser fatal.

Se você faz um corte transversal com a lâmina de uma espada, você se depara com uma forma que semelha um losango achatado do tipo que vemos nas cartas do baralho. Na extremidade, dá-se um repentino afusamento da lâmina, os dois fios paralelos até que se inicia esse afusamento. A guarda, que não deveria ser muito maior do que o punho ao redor do cabo, tem as extremidades voltadas para a lâmina e não para a mão, assim como se dá com muitas espadas no Ocidente. Se uma espada é menor do que o antebraço de um homem, ela é comumente denominada como sendo uma adaga. O espaço formado pela mão em torno do cabo da espada é chamado de Boca do Tigre.

Um estudante destro segura a espada sobretudo com a mão destra, porém, no início da maioria das formas com a espada, esta é segura pela mão esquerda, em posição contrária. Isso significa que a prancha da espada se conserva paralela ao braço esquerdo, no sentido da axila e do ombro. Depois de alguns momentos realizando a forma, a mão esquerda coloca o cabo sobre a palma direita aberta. Então, a mão esquerda assume uma forma determinada. Esta consiste no dedo indicador e no dedo médio apontados e alinhados com a palma da mão, os dois outros dedos dobrados contra a palma da mão, o polegar pressionado em cima deles. Essa posição da mão é conhecida como sendo o feitiço da espada, o talismã da espada ou o auxiliar da espada secreta. Na teoria da forma da espada, supõe-se que esse feitiço da espada transporte a energia vital, o Chi, para o braço direito que segura a espada, até a altura do pulso, durante diversos movimentos da forma. Afirma-se que o Chi flui desde os dois dedos apontados até os canais da acupuntura. A pressão no feitiço da espada também pode ajudar na técnica em que a extremidade da espada é recurva. Os extremos dos dedos apontados exercem uma pressão na extremidade do cabo da espada nessa postura. Além do mais, visto que a espada do Tai Chi é manejada sobretudo por um braço e que, portanto, exige mais dos músculos do lado direito do tronco, a posição do feitiço da espada e o seu movimento em harmonia com o braço que segura a espada ajudam a ativar o lado esquerdo do corpo, conferindo certo grau de equilíbrio energético.

O movimento do corpo durante a forma da espada deverá ser gracioso, fluido e vivaz. Isso diz respeito à forma, que é realizada com velocidade. Quando a forma é lenta, os movimentos brandos e calculados, assim como em algumas versões da forma com a espada no estilo Yang, que seguem o mesmo ritmo da Forma Longa, os estudantes aprendem a realizar os seus movimentos correspondendo, tanto quanto possível, à impressão da forma com as mãos nuas. Yearning K. Chen, que escreveu sobre a arte do Tai Chi, afirma que, no estilo Yang, há treze movimentos da espada.[7] Outros afirmam que há dezesseis ou vinte movimentos, mas essa discrepância resulta do modo como são divididos os movimentos. Por exemplo, uma parada ou um golpe com a espada podem ser combinados numa única ação e num só estilo, e, em outro estilo, podem ser considerados como dois movimentos distintos. Além disso, já que a espada clássica não é utilizada apenas pelos estudantes do Tai Chi, mas também por outros praticantes de artes marciais provindos de diferentes escolas em que se ensina o estilo duro, não resta dúvida de que houve uma troca de técnicas entre elas todas.

O uso gracioso e fluido da espada é muito difícil de ser alcançado, e poucos ocidentais há capazes de reproduzir os movimentos dos peritos chineses. Num filme raro de T. T. Liang, em que ele realiza a forma da espada no estilo Yang do Tai Chi, ele faz com que todo o exercício pareça tão fácil e tão espontâneo que é como se ele estivesse participando de um jogo. Só se compreende a perícia exigida por essa arte quando a pessoa empunha a espada por si própria e tenta fazer uso dela. Seria possível fazer observações semelhantes sobre o caso de Madame Bow-Sim Mark, conhecida mundo afora pelo seu trabalho com a espada, que causa tanto entusiasmo. Nela, percebemos a influência de caráter acrobático do treinamento do Wushu moderno, ao passo que, no mestre Liang, nota-se uma influência diferente, mais antiga, conseqüência de anos de dedicado estudo da forma *solo*.

Traduções dos Movimentos da Forma com a Espada

Dr. Tseng Ju-pai

Início

Três halos em torno da lua

Ursa maior
A andorinha toca leve a água
Direita e esquerda interceptam e deslizam
Ursa menor
A andorinha entra no ninho
Um gato ágil apanha um rato
A fênix ergue a cabeça
A vespa entra numa caverna
A fênix abre as asas

Ursa menor

À espera do peixe
Separar a grama para achar a cobra

Aves voam até a floresta para o poleiro
O dragão negro meneia a cauda
O dragão verde surge na superfície da água
O vento enrola a folha do lótus
Um leão sacode a cabeça

O cavalo selvagem salta sobre o córrego
Dar a volta para deter o cavalo com as rédeas
Uma bússola
Dirigir o vento para o pó

Yearning K. Chen

Postura inicial/Avançar e unir/a espada
O imortal conduzindo a estrada [para] a chave tríplice/abraça a lua
Estrela principal da Ursa
A andorinha procura água
Obstruir e deslizar

Estrela menor da Ursa
A vespa entra na colméia
O espírito do gato apanha o rato
A libélula sorve a água
A andorinha entra no ninho
A fênix abre ambas as asas
Turbilhão à direita
Estrela menor da Ursa
Turbilhão à esquerda
A postura do peixe
Revolver a grama para procurar a serpente
Abraçar a lua
Enviar a ave para as árvores

O dragão negro meneia a cauda

O vento enrola as pétalas do lótus
O leão sacudindo a cabeça
O tigre abraça a cabeça
O cavalo selvagem salta sobre o córrego da montanha
Mudar de posição para deter o cavalo
A bússola
Saudar o vento e limpar o pó

Traduções dos Movimentos da Forma com a Espada

Sendo carregado pela corrente	Carregado na corrente
Meteoróide perseguindo a lua	O meteoro persegue a lua
O cavalo divino galopa no céu	A cotovia pairando sobre a cascata
Levantar a cortina	Levantar a cortina de bambu
A espada girando à esquerda e à direita	A espada do salto mortal, à esquerda e à direita
A andorinha segura o barro no bico	A andorinha segura o barro no bico
O pássaro fabuloso abre as asas	O grande *rock* abre as asas
Salvar a lua do fundo do mar	Arrastar a lua do fundo do mar
Levar a lua no regaço	Abraçar a lua
Na-cha sondando o mar (Na-cha: ser sobrenatural da lenda)	Yak-sha pesquisa o mar
Um rinoceronte olha a lua	O rinoceronte contempla a lua
Alvejar o ganso selvagem	Alvejar o ganso selvagem
O dragão verde mostra a pata	O dragão azul estira as patas
A fênix abre as asas	A fênix abre ambas as asas
Interceptar à esquerda e à direita	Cruzar e obstruir à esquerda e à direita
Alvejar o ganso selvagem	A postura do alvejar o ganso selvagem
O macaco branco oferece frutas	O símio branco oferecendo frutas
Florescências caem à esquerda e à direita	A postura das folhas que caem
Uma donzela empurra a naveta	A bela senhora tecendo com as navetas
O tigre branco levanta a cauda	O tigre branco torce a cauda
A carpa salta no portão do dragão	Uma carpa saltando sobre o portão do dragão
O dragão negro enleia o pilar	O dragão negro envolvendo o pilar
A fada indica a estrada um incenso oferecido ao céu	O imortal guiando no caminho
Um turbilhão sopra sobre a ameixeira em flor	O vento varre as flores da ameixeira
Oferecer uma lâmina de marfim com ambas as mãos	Segurar no alto a lâmina de marfim
Pôr a espada na posição normal — final	Abraçar a espada e voltar para a postura original

Um aspecto-chave no uso da espada é o fato de a pessoa ter um pulso e um cotovelo fortes e flexíveis. O sentido do equilíbrio precisa ser mais desenvolvido do que na forma com as mãos nuas, de vez que o momento exato em que a lâmina desliza e corta tende a desequilibrar o corpo.

Abaixo, encontram-se os nomes dados por Yearning K. Chen[7] aos treze movimentos da Forma com a Espada em Trezes Posturas: uma vez mais, seria preciso considerar que as traduções desses termos para o inglês talvez variem de livro para livro e de mestre para mestre. Talvez a pessoa fique intrigada com os nomes dos movimentos das formas e com os nomes das técnicas com a espada, e até mesmo encantada com eles. Arroladas nas páginas 92-93 acham-se as traduções de dois intérpretes dos nomes dos movimentos da forma com a espada no grupo Yang, segundo o interesse do leitor, e para a sua apreciação. Às vezes, um movimento intermediário é arrolado por um autor, e não por outro.

Ch'ou	— vergastar	Peng	— romper
T'ai	— golpear	Chiao	— agitar
T'i	— erguer	Ya	— pressionar
Ke	— bloquear	Pi	— rachar
Chi	— perfurar	Chieh	— interceptar
Tz'u	— apunhalar	Hsi	— esmoitar
Tien	— apontar		

Um pormenor, e é quanto basta para alguns equívocos compreensíveis; o movimento considerado como "o dragão negro enleia o pilar" e o movimento denominado "o dragão negro envolvendo o pilar" parecem ter sido vítimas de uma tradução obscura. Não está claro se o corpo do dragão está enrolado em torno do pilar ou se, por ação dele, está enrolando o pilar. O movimento na forma consiste em voltar a espada para direções diferentes como que a envolver um pilar, ou seja, o oponente, o que, talvez, seja o sentido da primeira interpretação. Trata-se de um pormenor, e não da crítica de um intérprete. De certa forma, a tradução imprecisa faz parte do encanto suscitado pelos nomes. Alguns deles são graficamente exatos; isto é, a postura explica o próprio nome. Por exemplo, a postura denominada de A Bússola é realizada com os pés juntos, e com ambas as mãos segurando a espada na extensão dos braços, no sentido horizontal, com a espada também na horizontal, exatamente da mesma forma com que a ponta de uma bússola indica o norte. O Giro para a Esquerda é um movimento de giro, e a postura denominada A Postura do Peixe é como a postura de um pescador que segura uma vara de pescar na mão direita à sua frente, enquanto a mão esquerda se conserva estirada atrás para conservar o equilíbrio. Os dragões, os meteoróides e o Na-Cha (Yak-sha) comumente se referem à mitologia da China, e apresentavam certa pertinência de ordem pessoal a quantos deram originariamente os nomes às posturas. Afirma Yearning K. Chen: "A venerável família Yang foi a primeira na arte do Tai Chi a transmitir os nomes desses movimentos com a espada." Chen também classifica o bastão comprido como uma arma do Tai Chi.

Posturas e Gestos

A forma com a espada característica da família Yang requer o dispêndio de muito mais energia do que a forma com as mãos nuas. Isso não se deve só ao fato de um estudante estar segurando uma arma, mas porque, nessa forma, há uma concentração muito maior de atividade. Nada vale pensar que isso se dá em virtude de a forma com a espada estar muito perto do estilo Chen, sendo dada mais ênfase ao movimento variado e às mudanças no tempo de realização do movimento. Filmes de vídeo em que vemos o estilo Chen vindo de Taiuã e da China Continental confirmam essa teoria.

A principal postura da forma é a Postura do Arco, por vezes chamada de a postura da arte do arqueiro, realizada de preferência com movimentos amplos e penetrantes, o peso concentrado na perna dianteira, assim como se dá com a forma das mãos nuas. Alguns instrutores, sobretudo os das escolas de Kung Fu que adotam o estilo duro, dizem que nessa postura o peso é uniformemente distribuído em ambas as pernas. O único modo de realizar essa postura é dobrando a perna da frente para repelir, por assim dizer, na direção da pélvis, e para transferir a força de volta à perna traseira. Essa postura não é realizada dessa forma no Tai Chi. Uma outra postura utilizada na forma da espada é a postura da ponta ou a postura do T, com o peso concentrado na perna traseira e com a perna dianteira descansando na planta do pé ou na ponta dos dedos, o calcanhar ligeiramente erguido. A postura, que, em certo sentido, pode ser considerada como o contrário da Postura do Arco é a Postura da Cintura Puxada para Trás ou Postura Vazia, que, mais uma vez, apresenta o peso concentrado na perna de trás, mas com toda a planta do pé dianteiro a tocar o chão. A Postura do Cavalgar o Cavalo, que é a de alguém que monta no dorso largo de um cavalo, apresenta os pés muito afastados, em linha mais ou menos paralela. Essa postura ocorre algumas vezes na forma com a espada. A postura em que se vê a perna erguida, a coxa mais ou menos paralela ao chão, não parece ter recebido nome de nenhum dos intérpretes mencionados acima, mas ela poderia ser seguramente chamada de a Postura da Garça; ela também figura diversas vezes na forma com a espada. A última postura que vale a pena mencionar é a postura em que a pessoa dobra acentuadamente a perna de trás, quase como se se agachasse, e a perna dianteira desliza para a frente. Ela é semelhante à postura para a Serpente que Rasteja ou para o Chicote Simples Agachando o Corpo, na forma das mãos nuas. Essa postura é por vezes chamada de Postura do Deslizamento.

Voltando ao problema dos nomes das posturas: muito admira que as imagens que esses nomes invocam sejam por vezes nomes bastante dóceis, até mesmo associados ao seu país de origem; a Bela Senhora Tecendo e Empurrando a Naveta, por exemplo. Nesse aspecto, esses nomes apresentam acentuado contraste com relação ao objetivo dos movimentos que descrevem, pois, a despeito de tudo, a espada e o punho são utilizados para ferir ou matar. Por que utilizar imagens de paz, de atividades edificantes para atos associados ao combate e à violência? Não tenho respostas definitivas para essa pergunta, e só me é dado sugerir dois pontos de vista. Um desses é a pertinência da comparação entre a atividade e o movimento da espada em questão. O outro é a tendência amplamente difundida do disfarce e do segredo com respeito a quase tudo nos ensinamentos das artes marciais. Jamais encontrei explicações concludentes sobre isso.

O Dao, ou cimitarra, ou o Grande Punhal, como por vezes é chamado, tem cerca de um metro de comprimento; é curvo, afiado em um dos lados e o lado cego tem cerca de doze milímetros de espessura. O dr. Tseng Ju-pai lembra que as lâminas não deveriam ser vibradas de modo que o gume da espada corte a fontanela, o lugar no topo da cabeça em que os ossos se encontram, e que é tão delicado num bebê recém-nascido. Esse ponto, que está localizado aproximadamente no meio da cabeça, é tradicionalmente considerado como sendo o ponto através do qual a energia espiritual liga o homem aos céus, e seria um ato profano causar-lhe dano com uma espada; entretanto, se o gume cego do Dao é vibrado num golpe desferido sobre esse ponto, esse ato é aceitável, de vez que não tem força para interromper a energia do espírito. Acredita-se que o Dao apareceu na Idade do Bronze. Contam-se histórias sobre como o Dao foi utilizado durante a guerra da China e do Japão, em combate corpo a corpo. Diz-se que essa arma foi muito eficaz, sobretudo nas mãos dos guerrilheiros que haviam passado por treinamento. Entre as lendas que envolvem essas armas incomuns está a história de que, antigamente, um guerreiro de nome Kuan Kung possuiu um Dao que pesava aproximadamente sessenta quilos. A forma para o Dao da família Yang emprega treze gestos. São esses os nomes dados por Yearning K. Chen:

K'an	picar	Lu	dilacerar
To	cortar	Pi	rachar
Ch'an	fatiar	Ch'an	atar
Chieh	interceptar	Shan	abanar
Kua	parada	Lan	obstruir
Liao	revolver	Hua	deslizar para cima
Cha	perfurar		

Os nomes dos movimentos diferem dos movimentos da forma Jen. Escreve o dr. Tseng Ju-pai: "Pelo fato de eles (as pessoas que transmitiram os nomes) serem na sua grande maioria analfabetos, e por falarem um dialeto, os nomes corretos das posturas são muito difíceis de ser transcritos [para o inglês]. Ora, é preciso dar a essas posturas nomes provisórios para que possamos memorizá-los com facilidade."[8] Na verdade, os nomes dados em alguns manuais só fazem descrever o movimento; por exemplo, cortar à direita, à esquerda e no alto, e avançar para apunhalar no alto. Muitas das técnicas do Dao envolvem um movimento que indica cortar. A natureza do uso do Dao é bastante agressiva, assim como um tigre, e a utilização da arma na forma característica da família Yang não exibe a arma no que ela pode ter de mais eficiente. Madame Bow-Sim Mark demonstra o uso do Dao do modo como ele é empregado no roteiro de treinamento do Wushu moderno, e nessa demonstração é que a pessoa pode perceber o seu grande potencial dinâmico. Falando em termos de generalidade, é possível dizer que se requer melhor forma física e mais agilidade para que a pessoa utilize bem o Dao e nem tanto para que ela utilize bem o Jen. Entretanto, isso tem a sua contrapartida na elegância da forma Jen. São bem poucos os estudantes do Tai Chi que conhecem ou estudam a forma do Dao. Isso talvez se deva ao fato de eles acreditarem que ela não se acha em harmonia com o que eles sentem acerca do Tai Chi, ou pelo fato de muitos mestres ignorarem essa forma. São necessários muitos anos para que alguém obtenha a mestria com uma arma, e a idéia de passar sete anos se exercitando com a espada e sete anos se exercitando com o Dao é bastante desanimadora.

O escritor Robert W. Smith observou que "Os ingleses em meados do século XIX reconhecem que a lança chinesa era muito superior às baionetas deles". A lança, o Ch'iang, varia em tamanho numa proporção de cerca de dois a três metros. O cabo, independentemente da madeira com que é feito, deverá ser flexível na prática do Tai Chi. A madeira por demais consistente não é adequada. A ponta da lança apresenta uma forma losangular tosca com certo afusamento até certo ponto. Quase invariavelmente, à volta do local em que a ponta é fixada algumas borlas são atadas. Por vezes, usa-se a crina ou a cauda do cavalo pintada de vermelho. Quando um estudante sacode a lança durante o treinamento, a agitação da crina indica alguma coisa acerca da qualidade da energia Chi e da sua força muscular. Diz-se também que a crina do cavalo absorve o sangue, e isso talvez possa explicar o uso da tintura vermelha como que a significar a cor do sangue na batalha.

Se a utilização do Dao é comparativamente rara, o uso da lança é ainda mais raro. O dr. Tseng Ju-pai aprendeu dois modos de usar a lança com o Cheng-fu Yang. O primeiro modo ele o chamou de exercício unilateral, e o segundo de exercício bilateral. O primeiro consistia sobretudo em sacudir a lança. Esse ato se relaciona com a flexibilidade da madeira utilizada para o cabo da lança. Quando a arma é vibrada por um perito, podemos perceber a energia percorrendo a madeira que vibra até a ponta. Se a madeira fosse consistente e rígida, e, por assim dizer, "insensível" ao movimento, essa vibração não seria transmitida, e a pessoa que utiliza a lança não seria capaz de transmitir a sua energia até a ponta exatamente da mesma forma. A vibração da lança no Tai Chi seria impossível.

No exercício bilateral, há treze movimentos de ataque e de defesa agrupados em quatro categorias. São estas: tenacidade, recuo, tenacidade e recuo combinados, e envolvimento. A tenacidade reflete a idéia do treinamento da Pressão das Mãos, em que a pessoa tenta continuar em contato com o adversário; adesão. O recuo traz em si a idéia de usar a energia do oponente para mover a arma da própria pessoa. A tenacidade e o recuo estudam a combinação dos dois primeiros. O envolvimento implica envolver com a própria lança a lança do adversário, conquanto essa idéia não possa ser sustentada por muito tempo, e comumente signifique avançar com um movimento circular tendo as duas lanças em contato. A ponta da lança, nesse movimento do Envolvimento, se move num movimento espiralado ou numa série de círculos, o que lembra as técnicas fundamentais da esgrima com florete típica do Ocidente. Vez por outra, a lança, segura na mão direita, percorre a palma da mão esquerda ligeiramente fechada, entre o dedo mínimo e o polegar, o movimento é comparado ao deslizar de um taco de snooker por sobre a mão.

Em todas as armas do Tai Chi, há uma característica acima mencionada como um caráter de "adesão". Um estudante aprende a tentar permanecer em contato com a lança do adversário, e depois aprende a "seguir" — uma outra expressão comum. Aonde quer que ele vá, eu o seguirei. Trata-se de uma arte muito difícil, e é comum que se leia sobre proezas surpreendentes que envolvem esse ato de adesão, quando não se pode tirar um mestre do seu lugar uma vez que ele se agarrou a um oponente. A idéia básica é que, quando as armas entram em contato, o estudante do Tai Chi acompanha cada gesto do adversário, pressentindo ou antecipando tudo o que acontece, apreciando a flutuação do yin e do yang, e se movendo com o oponente como se ambos estivessem fundidos um no outro. De um modo menos complexo, isso pode ser visto na esgrima ocidental, em que uma parada é feita e a pessoa que se defende, mantendo a lâmina em contato com a do oponente, desliza para um golpe de ponta. Enquanto você puder aderir ao corpo do adversário, você terá certo controle sobre ele, ou pelo menos terá a sensação, bem como a visão, do que ele está fazendo. Nas disputas realizadas nas artes marciais, os movimentos são verdadeiramente muito rápidos, exceto quando, para efeito de demonstração, os gestos são lentos. Os movimentos são tão velozes quanto o bote de uma cobra. Os olhos são lentos demais para acompanhar o que está se passando, e a sensação do corpo do oponente, intensificada pelo contato das mãos, é de valor incalculável.

Quando uma técnica de recuo é utilizada, o movimento de agitação se combina com um movimento de bloqueio que pode desviar a arma do oponente com certa força, permitindo um campo para o ataque. Depois disso, as técnicas de adesão desempenharam o seu papel. Outro método de treinamento previamente elaborado com a lança tem o objetivo de fazer com que pousem as lanças uma contra a outra cerca de meio metro à frente da cabeça e as girem num círculo, mantendo o contato. À proporção que o movimento circular prossegue, um dos estudantes perceberá a existência de uma brecha, um ponto fraco na concentração do outro, e dará uma estocada à frente.

Nos Estados Unidos, Stuart Olave Olson, sob a orientação do seu mestre T'ung-Tsai Liang, deu início a certo renascimento do interesse pela Lança do Tai Chi, e escreveu um livro, *Wind Sweeps Away the Plum Blossoms,* e uma fita de vídeo acompanhando este livro, em 1985. Ele descobriu a origem das técnicas com a lança do Tai Chi entre os membros do famoso Templo Chaolim, por meio da família Chen, e, daí, até a família Yang. Diz-se que, de todas as armas, a lança é a mais adequada para que a pessoa desenvolva a energia interior. As técnicas com a lança do Templo Chaolim foram chamadas de Flor da Ameixeira, na forma de um grupo, e os nomes dessas técnicas apresentam as imagens poéticas características. Olson as traduz como:

Yaksha Procura o Mar
Todos os Bárbaros Prestam Homenagem
O Compasso

Emboscada a partir das Dez Direções
O Dragão Azul Oferece as Patas
Interceptar ao Lado
Derribar o Bastão de Ferro

Passar por cima da Espada
Espalhar os Brocados no Chão
Olhar o céu
O Boi de Ferro Ara o Solo

Pingos
Cavalgando o Dragão

O Macaco Branco Arrasta Uma Espada
Tocando a Pipa

O Gato, Alerta, Agarra o Rato

O Dragão Azul Meneia a Cauda
Forçar a Passagem por Hung Men (O Portão)
O Tigre Agachado
O Gavião Agarra a Codorniz
Chaing T'ai Kung Vai Pescar

Vários nomes são os mesmos nomes utilizados para o Jen, para a espada de dois gumes e para as formas com as mãos nuas, ou estão muito próximos desses nomes. A imagem do dragão, que não figura nas formas com as mãos nuas próprias da família Yang, ocorre nas formas da família Chen.

Uma palavrinha final sobre o treinamento com as armas: para se trabalhar com elas, é necessário muito espaço. Para as formas com as mãos nuas a pessoa pode se valer de uma área relativamente pequena para treinar, porém, quando se maneja uma espada ou uma cimitarra, é preciso um espaço bem maior. Além do espaço exigido por todo estudante, deve haver uma lacuna de um ou dois metros a fim de que haja áreas de segurança. Esse talvez seja mais um fator sem importância para o pequeno número de pessoas que pratica os movimentos com as armas do Tai Chi hoje em dia.

5. O Tai Chi e as Artes Marciais Associadas

Toda vez que os estudantes e os mestres de artes marciais se encontram, independentemente do estilo ou da arte que pratiquem, não é necessário ser um gênio para adivinhar o tema principal da conversa entre eles. Histórias e fofocas sobre as artes marciais são contadas de pessoa para pessoa, comparações intermináveis entre as técnicas são feitas, pontos de vista sobre a tradição divergem de modo amigável, e por vezes alguém se entusiasma e faz a demonstração de certo pormenor. Em suma, a gentileza das pessoas que pertencem à área em todo o mundo faz parte do grupo. Nesse ambiente, você sempre ouve alguém falar sobre algo que você não conhece; acerca de artes, de mestres e de acontecimentos diferentes. Tal situação ocorreu da mesma forma no passado, e é possível que explique em parte por que os estudantes que se dedicaram a um estilo durante muito tempo por vezes o abandonam e começam a aprender outra coisa. As artes marciais se tornam o ar que você respira, e, quando você treinou com seriedade durante algum tempo, você não tem vontade de desistir delas totalmente. Quando você se depara com outra vertente que representa um desafio e um estímulo contra esse descontentamento, e que também seja minuciosa, você deve seguir em frente e descobrir coisas sobre ela.

Um exemplo moderno desse estado de coisas que se baseia em documentos, foi Kenichi Sawai, um japonês nascido em 1903. Com 22 anos de idade, ele já era um Faixa Preta 5º Dan no judô, 4º Dan em Kendô e 4º Dan em Iaidô, a arte de utilizar uma espada de verdade. Com essa formação, ele foi para a China aos 28 anos, a serviço, e ouviu falar sobre um praticante de artes marciais chamado Wang Hsiang-ch'i. Este era um famoso mestre do Hsing-I da escola Honan. Nessa época, a outra escola famosa era a escola Shansi-Hopei. Quando Wang adquiriu experiência no Hsing-I, mudou o nome de sua arte para I-Ch'uan (o Boxe da Mente). Seja qual for o nome utilizado, a implicação geral das palavras chinesas é a de que o corpo e a mente se movem em harmonia, o que, evidentemente, serve para o Tai Chi e para as outras artes marciais. Em todas essas artes, a diferença está na ênfase.

Depois de um curto período "batendo de porta em porta", Kenichi Sawai conseguiu arrumar um encontro com Wang, e o inevitável confronto de técnicas se seguiu. Sawai escreveu: "Na primeira oportunidade que tive de me pôr à prova frente a frente com Wang, agarrei-lhe o braço direito e tentei fazer uso de uma técnica. Contudo, de imediato, vi-me atirado longe... Em seguida, tentei aplicar-lhe uma chave. Agarrei-lhe a mão esquerda e a lapela direita, e tentei fazer uso das técnicas que eu conhecia, acreditando que, se as primeiras investidas fracassassem, eu poderia passar a uma luta corpo a corpo (a que se dá no chão) quando caíssemos. Entretanto, desde o momento em que nos encontramos, Wang imediatamente obteve um total controle da minha mão, desviando-a e afastando-a de si."[9] Kenichi Sawai mesmo assim não desistiu, e solicitou um combate com varas, em lugar de um combate com espadas. O perito japonês em espadas não conseguiu derrotar Wang. Entretanto, Wang foi compreensivo o bastante para aceitar Sawai como discípulo.

Na doutrina do Hsing-I ou I-Ch'uan de Wang Hsiang-ch'i estava um ramo conhecido como Ta-ch'eng-ch'uan. Sawai estudou essa variação, e quando dominava essa arte, Wang deu permissão a ele para começar a ensinar esse ramo no Japão e para que ele desse a essa arte um nome japonês que seria compreensível nessa língua. Ele escolheu o nome Tai-ki-ken, que é a tradução japonesa de Tai Chi Ch'uan. É preciso dizer que o Tai-ki-ken, conhecido pelos discípulos de Kenichi Sawai, não se parece muito com o Tai Chi, porém haveremos de nos introduzir nos seus problemas técnicos posteriormente. O treinamento inicial para o Hsing-I de Wang era a meditação com a pessoa em pé. Kenichi Sawai chamou essa técnica de meditação zen em pé, até mesmo ao escrever sobre ela junto com Wang, como este era chinês, essa técnica originariamente deve ter sido algum tipo de meditação do Ch'an budista ou taoísta. Esse método de meditação em pé supostamente trouxe à luz modos muito eficazes do Chi, a energia vital, e ele fornece aos estudantes um tipo de força móvel original e animal difícil de deter.

Ao dar início à técnica da meditação em pé, Sawai tinha muitas dores físicas, apesar de todo o seu treinamento rigoroso nas artes marciais; talvez essas dores se devessem até mesmo a tamanho rigor; suas reflexões sensatas, à proporção que estudava e permanecia por uma hora numa postura determinada, eram que "quando uma pessoa começa... ela sentirá dor nas mãos, nos pés e nos quadris. Quando isso acontece, todo o pensamento dessa pessoa se concentra nas partes do corpo em que há dor, e ela não consegue pensar em nada mais".[9] Posteriormente, depois de onze anos e meio se exercitando nessa postura em pé, Kenichi Sawai passou a compreender de modo diferente essa arte. Todavia, ele afirmou em seus escritos que não só os praticantes de artes marciais fazem esse tipo de exercício. Ele é comum em diversos Caminhos religiosos. Uma das conseqüências dessa prática é clarear os pensamentos, mas não necessariamente como uma conseqüência da dor. Quando a pessoa está em pé, o objetivo ainda é conseguir relaxar.

Há cinco técnicas fundamentais do Hsing-I: fender, esmagar, perfurar, bater e cortar. Essa é a terminologia dada por Robert W. Smith, mas às vezes são usadas outras palavras tais como: dilacerar, calcar, rachar e esmurrar. Além dessas cinco técnicas, há doze métodos de movimentos que se baseiam na ação de animais: o dragão, o tigre, o cavalo, o macaco, o galo, o falcão, a iguana, a cobra, a águia, o urso, a andorinha e o avestruz. Uma característica da técnica do Tai-ki-ken são os movimentos realizados embaixo, com o corpo agachado, adotados para diversas etapas, e que lembram os movimentos do tigre, mas que também lembram o Tai Chi. Atualmente, muitos expoentes do Tai Chi mantêm o corpo reto; ou seja, com uma ligeira curvatura do joelho, dobrando as juntas na virilha. Mas se você vir antigas fotografias de Yang Cheng-fu e de Chen Wei-ming, perceberá que os movimentos ocorrem embaixo, denotando força nas pernas e na cintura.

Quando estive praticando o Tai Chi por vários anos, dei com um mestre que estivera treinando com um dos descendentes da família Yang na universidade de Hong Kong. Ele fez com que eu me abaixasse bastante, e eu me admirei da força das pernas, dos quadris e da cintura que é necessária para realizar os movimentos de um modo antigo. No combate do Tai Chi, descobriu-se em 1989 um método para afastar para baixo os braços do oponente, e este método é muito semelhante ao gesto do Fender do Hsing-I. Algumas das técnicas do Tai-ki-ken se parecem muito com esse movimento, ao combinar a postura com o corpo agachado, semelhante ao tigre, com o movimento do fender, "erguendo e abaixando o braço como que a desferir golpes com um machado".[9] As diferenças entre o Tai-ki-ken e o Tai Chi se devem sobretudo ao fato de que não há a mesma suavidade no movimento, e também ao fato de que o Tai-ki-ken foi totalmente desenvolvido para o combate. Kenichi Sawai desenvolveu a arte que herdara e, ao proceder assim, indicou as infinitas possibilidades de combinação e de permutação dentro das artes marciais vistas como um todo.

Sun Lu-t'ang (ver capítulo 1) foi um estudante e um mestre de três artes: o Tai Chi, o Hsing-I e o Pa-kua. O nome dele tornou-se famoso na sua época, e sua energia Chi o distinguiu dos demais como uma pessoa incomum. Quando começou a treinar, ele dava ênfase a um aspecto que nunca é bastante enfatizado aos estudantes do Tai Chi. Esse aspecto é o de que, embora o Tai Chi seja algo suave, seja um estilo interior, a suavidade requer um árduo treinamento. Um dos mestres de Sun, ao aprender o Hsing-I, foi Kuo Yunshen. Kuo montava um cavalo, fazia com que Sun agarrasse a cauda do cavalo, e cavalgava longas distâncias com o seu discípulo preso atrás. A destreza de Sun aumentava na medida em que ele estava treinado, mas, certo dia, ele encontrou um oponente à altura. Sun percebeu que um homem surgia atrás dele para o atacar, e tentou agarrá-lo. O agressor desviou-se do seu gesto e baldou-lhe a tentativa, e Sun não conseguiu pôr as mãos no homem. O estranho tornou-se um taoísta. Ele ensinou a Sun como cultivar o seu Chi ainda mais, e transmitiu-lhe conselhos sobre um adequado regime alimentar, e sugeriu que ele não deveria comer carne. As capacidades de Sun se desenvolveram também a ponto de ele poder curar; além disso, ele se tornou mestre na equitação, no combate com o bastão e na arte do arqueiro. "A cem passos de distância", escreve Robert W. Smith, "ele era capaz de acertar um ovo e retirar-lhe uma lasca na mão de um estudante."

Esses dois exemplos de pessoas que praticam artes marciais com uma formação mista traz à luz o problema da "pureza" de uma arte como o Tai Chi. Para onde quer que olhemos, não encontramos um estilo "simples puro". Independentemente de quem observamos, percebemos que a pessoa ou o próprio ensinamento dela foi influenciado inteiramente por mais uma arte marcial, ou por um outro estilo do Tai Chi que já desapareceu, ou que ainda sobrevive nessas pessoas. É comum ouvir nas rodas dos estudantes de Tai Chi, ou de pessoas que não pensam ou que não sabem que elas estão se exercitando no legítimo estilo Yang, ou Chen, ou Wu. A verdade é que não existe uma coisa assim. Todos realizam uma variação sobre algo mais. Às vezes, os exemplos das mudanças podem advir de causas absurdas, e aqui cito uma dessas causas segundo a minha própria experiência.

De vez em quando, treino e dou aulas no jardim que há nos fundos da minha casa. Uma das formas que pratico requer um pouco mais de espaço do que pode proporcionar a extensão desse jardim. Quando aproximo a mão do alto da cerca do jardim, estou realizando os movimentos do Aparar, do Empurrar para Trás, do Repelir e do Pressionar para a Frente. Para fazer isso, tenho de levantar os braços mais alto do que é necessário, de modo que me é dado passar a mão acima da cerca. Certa noite, um estudante estava a observar-me, e começou a imitar de maneira incorreta esse erguer dos braços. Se ele tivesse ido embora sem compreender o motivo dos gestos que ele pôde ver, e nunca mais voltasse, uma nova variação na forma teria sido criada!

O Tai Chi do estilo Yang é a forma mais popular fora da Ásia. Há muito poucas técnicas que se valem dos punhos fechados nessa forma. A principal formação da mão encontrada no estilo é a palma aberta. Essa é também a principal formação da mão numa outra arte interior, o Pa-kua Chang ou o Boxe dos Oito Trigramas. Uma característica surpreendente desse estilo é que os estudantes aprendem a "andar em círculos"; ou seja, o método fundamental de treinamento consiste em andar continuamente num círculo, e depois, seguindo cada movimento dos pés, voltar-se e percorrer o mesmo círculo na direção oposta. As palmas abertas são seguras de modo a proteger a cabeça e o tronco, e, à medida que se realiza uma mudança de sentido, as mãos se encontram ao redor do corpo e voltam à sua posição original. Esse movimento das mãos é chamado de Mudança das Palmas da Mão, do qual há diversas variações que envolvem uma complexidade cada vez maior.

No treinamento tradicional do Tai Chi, o uso da cintura para realizar torções, desvios e ataques é enfatizado, porém, no Pa-kua, ele é ressaltado ainda mais. De um ponto de vista teórico, os Oito Trigramas (ver página 154), que foram a base dos sessenta e quatro Hexagramas do I-Ching, se situam imaginariamente nos intervalos regulares em torno do círculo percorrido pelo estudante de Pa-kua. Cada Trigrama é colocado num ponto específico nos oito sentidos da bússola, e tem o seu próprio significado especial e as qualidades correspondentes. A idéia é a de que o estudante treine e atente para esses oito locais à proporção que percorre o círculo. Sem tecer muitas considerações sobre isso, a pessoa pode perceber semelhanças entre esse exercício e os rituais xamanistas ou mágicos. Quando consideramos a descrição feita pelo I-Ching dos Oito Trigramas, nos deparamos com os atributos do Forte, do Flexível, do Movimento que Impele para a Frente, do Perigoso, do Repousante, do Penetrante, do Doador de Luz, do Jubiloso, e com as imagens correspondentes do Céu, Terra, Trovão, Água, Montanha, Vento, Fogo e Lago. Imagine o estudante do Pa-kua enquanto ele se move ao redor do círculo, conservando o corpo relaxado e ereto, imaginando essas diferentes qualidades à medida que ele ultrapassa os pontos que a elas correspondem. A mão que está à frente também está voltada para o centro do círculo, e o olhar dele acompanha a mão, para o local de onde tudo isso emana. Aqui, encontramos todos os indícios de algum tipo de ritual que muito se afasta das idéias de combate.

De vez que os Oito Trigramas foram originariamente pensados como sendo representações de tudo o que se passa no céu e na terra, talvez os estudantes do Pa-kua tencionem "mergulhar" nessa representação à medida que eles se movem. Essencialmente, esse tipo de processo mental não é seguido pelos entusiastas do Pa-kua do Ocidente.

Embora se ignore a origem do Pa-kua, ela é atribuída tradicionalmente à dinastia Ch'ing. Sua história documentada tem início no final do século XVIII, junto com o surgimento de certo Wang Hsiang, a partir do qual ela foi transmitida até os nossos dias. As técnicas da arte incluem golpear, agarrar, passar rasteiras e lançar longe. Essa arte é conhecida como sendo detentora de um estilo muito agressivo e poderoso. No Ocidente, não é familiar o uso da palma [calcanhar] como superfície de ataque, do modo como consideramos o punho cerrado como sendo o uso mais eficiente da mão como arma. Entretanto, a palma da mão aberta é uma arma assaz perigosa, quando utilizada por uma pessoa treinada. Tem ela a vantagem de não ser perigosa para a pessoa que a utiliza. É mais fácil ferir os dedos e as juntas quando os punhos estão cerrados.

Assim como no Combate do Tai Chi, o lado do Pa-kua que envolve lutar faz uso do que podemos chamar de "energia de recuo". Por exemplo, se a cintura está voltada para a esquerda a fim de que se desloque a palma direita, o recuo da cintura — o movimento de giro da cintura à posição normal — projeta a palma esquerda com uma força ainda maior. Isso também serve para a arte japonesa do Aikidô, de que trataremos posteriormente. Alguns estudantes de artes marciais acreditam que o fundador do Aikidô, Morihei Uyeshiba, inspirou-se muito nas técnicas do Pa-kua. John Stevens, o biógrafo de língua inglesa de Uyeshiba, não compartilhava esse ponto de vista, e escreveu: "Já que não havia mestres chineses no mesmo nível de Morihei, ele provavelmente descartou, talvez de maneira injusta, as artes [chinesas] no continente como não sendo merecedoras de estudos sérios."[10] Semelhante afirmação, compreensível num estudante partidário do Tai Chi, não é digna de crédito por parte de um outro estudante. Ignoro uma arte marcial japonesa em que a pessoa tem nua uma das mãos que não deva algo às artes marciais da China, e muitos praticantes prestigiosos de artes marciais publicamente reconhecem o seu débito para com os chineses. Até mesmo hoje em dia, os mestres do Japão e de Okinawa visitam a China, Taiuã e Cingapura ou a Malásia para aprender mais coisas.

Pa-kua, Hsing-I e Tai Chi constituem, pois, o trio chinês de artes interiores. De alguma forma, os três estiveram ligados aos Oito Trigramas; os três enfatizam a relação entre a mente e o corpo, têm implicações taoístas, contam com a energia Chi em certa medida e continuam a atrair e a encantar os estudantes ocidentais. Dos três, só o Tai Chi se difundiu amplamente. Provavelmente, isso se deve às formas longas, lentas e ao modo de *solo* dessa arte; algo que falta às outras duas.

No chinês, a palavra "Chin" significa segurar ou agarrar. A palavra "Na" significa controlar ou dominar. Aliadas, as duas palavras nos dão o nome de mais uma arte marcial, não muito conhecida fora dos círculos envolvidos com artes marciais: Chin-na, a arte de agarrar e de segurar. Obviamente, todas as artes marciais que utilizam apenas as mãos nuas têm as técnicas de agarrar o corpo de um oponente, mas o Chin-na se volta para o estudo exclusivo dessas técnicas, e pormenorizadamente.

No Tai Chi, movimentos tais como Puxar, A Agulha no Fundo do Mar e Recuar para Repelir o Macaco podem ser interpretados como técnicas de agarrar ou de segurar quando aplicadas a um oponente. Parte do treinamento de um estudante do Chin-na consiste em entender as juntas do corpo, ou de que modo elas podem ser torcidas ou presas. Uma outra parte é o estudo dos pontos vitais do corpo e, num nível mais profundo, a percepção do fluxo por meio da pressão. Um terceiro aspecto é o estudo dos remédios medicinais à base de plantas a fim de que se possa curar vítimas de um ataque segundo a técnica do Chin-na. Quando levado ao extremo, o Chin-na é uma arte marcial terrível, que apresenta a violência que se vê nos filmes de terror, aspecto em que não queremos nos deter num livro sobre a arte do Tai Chi.

Algumas associações de Tai Chi reservam parte do tempo de treinamento examinando de que modo o corpo do oponente pode ser imobilizado temporariamente ou "agarrado" por uns momentos, para que uma pressão capaz de desequilibrar possa ser aplicada. Para a forma *solo* também é útil saber algo acerca das articulações, e da melhor maneira de usá-las. Por exemplo, quando a perna está dobrada na Postura do Arco, é anatomicamente mais propício para a tíbia mover-se sobre o pé de modo que o tornozelo não fique dobrado para dentro ou para fora. Certa vez, no decorrer da sua carreira, Cheng Man-ch'ing estudou modos de atacar os pontos vitais do corpo em antecipação a um desafio que ele esperava. Como conclusão, o desafio nunca se concretizou. Assim como com o Tai Chi, a arte do Chin-na utiliza círculos grandes, médios e pequenos para as suas técnicas de prender as articulações. De grande importância também é o desenvolvimento de um forte ato de agarrar se valendo de variações dos dedos da mão: por exemplo, agarrar apenas com o indicador e o polegar, com o indicador, o médio e o polegar, e assim por diante. Com respeito a isso, lembramo-nos do mestre do estilo Chen, Cheng Fake, que "praticou com um bastão de madeira de cerca de quatro metros de comprimento e quinze centímetros de largura. Ele agitava o pesado bastão trezentas vezes por dia como uma forma de exercitar a força do pulso".[3] Certa vez, quando atacado por um homem que portava uma lança, Chen agarrou o cabo da arma, realizou uma leve torção e empurrou a lança contra o homem, arremessando-o a mais ou menos quatro metros de distância. Esse tipo de técnica é encontrado no roteiro do Chin-na. Para que uma arte marcial seja eficaz no combate, ela tem de levar em conta muitas circunstâncias que poderiam ser possíveis. O estudo do Combate do Tai Chi revela que métodos próximos aos métodos do Chin-na são essenciais.

De maneira ideal, o Tai Chi sobrepuja um oponente fazendo uso da própria força desse oponente, de sorte que toda contenda termina com o primeiro ataque e o movimento de defesa. Conquanto isso raramente aconteça, tal fato faz parte do encanto dessa arte; trata-se de uma teoria extremada e fascinante. Na introdução à tradução que fez do livro de Sun Tzu, *A Arte da Guerra,** Thomas Cleary cita uma história sobre dois médicos da corte. O primeiro sempre observava os menores sintomas de doença e curava o seu paciente sem demora, antes de os sintomas apresentarem aspecto mais grave. A reputação desse médico nunca se difundiu. Seu irmão mais novo se ocupava de doenças em que eram percebidos visíveis e graves sintomas, e os métodos dele, em correspondência a isso, eram espetaculares. Esse homem se tornou muito célebre. O ideal de curar uma doença antes de ela ter início era a principal preocupação presente no tratado de Sun Tzu sobre a guerra, que data de mais ou menos dois mil anos atrás. Esse ideal revela afinidades com o ideal do Tai Chi, qual seja, o de não se opor à força, de não dar azo a um conflito, mas curá-lo desde o início. Sun Tzu disse que o general ou o líder político detecta a possibilidade do conflito antes de ele começar, e faz uma avaliação a fim de detê-lo. Se o conflito irrompe, ele encontra o melhor meio de pôr fim a ele por meio da negociação. Se não consegue acabar com o conflito valendo-se desse recurso, e a luta prossegue, ele haverá de encontrar uma forma de acabar com ele tentando poupar o maior número de pessoas possível, e assim por diante. Ele sempre procura métodos para deter a escalada. Trata-se de uma verdadeira abordagem taoísta a toda sorte de problema, e ela chamou a atenção dos políticos, dos

---

* Publicado pela Editora Pensamento, São Paulo, 1993.

comandantes e dos combatentes de guerrilha durante séculos. Numa escala menor, essa abordagem foi estudada por praticantes de artes marciais.

Uma das passagens em *A Arte da Guerra* é a seguinte: "Nas artes marciais, importa que a estratégia seja imperscrutável, que a forma esteja oculta e que os movimentos sejam inesperados, de forma que a prevenção com vistas a esses expedientes seja impossível." Desse modo, o segredo propicia o objetivo de uma rápida conclusão para todo conflito. A tradicional prática chinesa dos métodos e das teorias secretas foi levada a um ponto a que nós ocidentais chamaríamos de extremo. Sabe-se que os mestres chineses de artes marciais verdadeiramente revelam aos estrangeiros e aos leigos o modo errôneo de se fazer alguma coisa, de sorte que eles pensarão que aprenderam algum recurso muito procurado enquanto, na realidade, isso não apresenta valor. Lembro-me de mostrar a um mestre chinês um movimento que eu aprendera — ele assentiu com a cabeça, a indicar que o movimento estava certo, mas eu pude divisar no seu rosto que ele pensava em outra coisa que eu ignorava.

Quando um estudante aprende as formas *solo* do Tai Chi, é difícil para ele adivinhar de que maneira os movimentos podem ser empregados no combate, a princípio. Isso serve em particular para os estudantes que nunca praticaram antes as artes marciais. Os estudantes nessa categoria não têm meios, a não ser o bom senso, de verificar se os conhecimentos que lhes foram ministrados haverão de funcionar. Se se mostrou a mesma coisa a todos do grupo, eles podem prosseguir alegremente a treinar, fazendo uso das suas técnicas de aplicação, ignorando a verdadeira situação. Ao mesmo tempo, seria um engano suspeitar em demasia dos motivos e dos métodos do mestre da pessoa. O bom senso, aliado a uma experiência um pouco rara, e a um adversário decidido, é uma prova difícil.

Embora *A Arte da Guerra* contenha pormenores sobre o terreno da luta, as condições climáticas para os exércitos e outros fatores que determinam a condução da guerra, o grande objetivo do livro parece ser criar uma nova atitude mental em quantos o lêem. Obviamente, o número de situações que podem vir à tona durante a guerra deve ser um número quase infinito; desse modo, se cada aspecto concebível fosse arrolado num livro como esse, seria o mesmo que afirmar a possibilidade do impossível. Adotando a correta atitude mental, uma pessoa treinada em conformidade com os princípios desse livro saberia como fazer face até mesmo a essa impossibilidade. O comandante haveria de compreender os princípios, os oficiais a estratégia, os oficiais subalternos as táticas e os homens o uso das armas. Assim, um estudante de Tai Chi tenta compreender os princípios do yin e do yang a fim de que a sua força e o seu Chi reajam a esses princípios. Ele visa fazer com que todo o seu corpo acompanhe o seu Chi, de modo que em qualquer situação as partes do corpo se adaptem às técnicas apropriadamente. Numa escala decrescente, a mensagem taoísta do livro de Sun Tzu tem ecoado pelos séculos, infelizmente.

Embora o Aikidô seja uma arte marcial japonesa, ele deverá ser assunto deste livro porque, aos olhos de muitos praticantes de artes marciais, sobretudo de praticantes ocidentais, ele apresenta certa relação com o Tai Chi, em variados níveis. O fundador do Ai-ki-dô (a união do Caminho do Espírito) foi Morihei Uyeshiba (1883-1969). Ele foi o filho de um fazendeiro influente, com ancestrais que eram samurais, e o bairro de Kumano em que ele nasceu foi um centro tradicional do misticismo japonês. Assim como se deu com outros praticantes de artes marciais de renome, tanto antes como também depois dele, Uyeshiba foi uma criança doente. O menino estudou os textos religiosos do Budismo Shingon, teve uma crença fervorosa nos deuses xintoístas, a religião do Japão, e demonstrou um interesse incomum em todos os assuntos religiosos. Sujeitando-se a um modo de vida espartano, que incluía mergulhar diariamente na água gelada, Uyeshiba melhorou a saúde. Ele passou algum tempo morando em Tóquio; no entanto, preferia a vida no campo, e acabou voltando para o próprio povoado. Ele começara a estudar Jujitsu, e passou a considerá-lo como sendo uma matéria fascinante. Ele se casou, uniu-se ao exército e estudou toda a sorte de artes marciais. Vale a pena mencionar uma prática sua, já que ela guarda semelhança com o treinamento do difícil Chi Kung (ver capítulo 6).

De acordo como o biógrafo Stevens, Uyeshiba costumava bater a cabeça "contra uma placa de pedra cem vezes por dia". Seu desejo de firmar sua força física e sua resistência à dor era extraordinário; porém, além das exigências que fazia ao corpo, Uyeshiba era igualmente atormentado por problemas espirituais. O começo da sua vida consistiu numa busca sem fim de algo que ele não podia definir. Depois de passar alguns anos nessa situação, num período da sua vida repleto de acontecimentos, Uyeshiba deparou com o último dos antigos guerreiros japoneses, Sokaku Takeda. Este era um homem que não tinha medo de nada, nem de ninguém. Do temperamento de um tigre com um leve ferimento, Takeda foi um Dirty Harry do século XIX. Antes de Sokaku fazer uma demonstração de artes marciais, Uyeshiba bateu-se com ele depois de um desafio. Stevens simplesmente afirma em tom bem-humorado que o futuro fundador do Aikidô recebeu "um tratamento adequado" por parte de Sokaku, e, depois disso, se tornou discípulo dele.

A arte marcial ensinada por Sokaku se chamava Daitoryu. Depois de um período de severo estudo, Uyeshiba uma vez mais seguiu o próprio caminho. Sokaku, embora sendo um lutador sem par, não se igualava a Uyeshiba no estudo, tampouco possuía a sede de satisfação espiritual que incitava o seu discípulo. A história da vida de Uyeshiba faz da leitura algo fascinante, e o que se depreende disso é que ele foi um homem suscetível a visões, capaz de feitos incomuns, aparentemente capacitado a ler a mente de quantos o rodeavam, e possuía uma força e uma energia física excepcionais e irrepreensíveis. Certa feita, ele bateu-se em disputa com um grande espadachim — um homem desarmado contra um homem armado — e não sofreu nenhum golpe do agressor. Quando lhe pediram para explicar como havia conseguido tal proeza, ele replicou que "pouco antes do ataque, um raio de luz iluminou-se diante dos meus olhos, e me revelou a direção planejada". Logo depois desse acontecimento, diz Stevens que a vida de Uyeshiba passou por uma mudança fundamental. "De repente, Morihei começou a tremer e, depois, se viu imobilizado. A terra cedeu sob os seus pés, e ele ficou banhado por raios de pura luz que emanavam do céu. Uma névoa dourada envolveu-lhe o corpo, e fez com que a sua débil vaidade se desvanecesse..."[10]

Embora ele vivesse no século XX, a vida desse homem lembra a vida dos antigos eremitas taoístas que animam a história das artes marciais chinesas realizando aparentes milagres, sobrepujando todos os ataques e capazes de se deslocar com tanta velocidade que poder-se-ia dizer que chegam a voar. Por trás dessas realizações exteriores está uma sabedoria oculta que torna todas as coisas possíveis. Assim como com os antigos mestres do Tai Chi, o treinamento de Uyeshiba foi rigoroso em termos de corpo (uma vez mais, a delicadeza se afirma na força). O Aikidô é uma arte evasiva, defensiva e suave, se comparada ao Karatê ou ao Jujitsu; é difícil dizer se o treinamento rigoroso é essencial a essas artes, ou se simplesmente ele é comum. Um outro aspecto interessante da comparação entre Uyeshiba e os membros da família Chen é que todos eles vieram do campo e da fazenda. Essa proximidade com a natureza, na qual se apóiam os ensinamentos taoístas, talvez seja algo importante.

O que Uyeshiba sentiu e expressou na sua própria vida, os seus discípulos no Aikidô expressaram em palavras e em diagramas, em referências às leis da física e da mecânica, na psicologia, na fisiologia, no misticismo, no hinduísmo, no budismo, no xintoísmo e num verdadeiro mar de idéias ligado a esses temas. As técnicas da arte em si próprias se baseiam todas em formas de movimentos circulares, espiraladas ou ondulantes, o que, em teoria, pelo menos, faz com que se recue a fim de se opor à ordem. O que alguns expoentes modernos fizeram, e Stevens reconhece isso, foi tentar imitar o movimento fácil e desenvolto com que o mestre, num estágio avançado da vida, repeliu seus agressores. Por vezes, numa demonstração do Aikidô, basta que um gesto seja feito para que um atacante seja lançado ao chão. Esse gesto, embora planejado para ser uma técnica real, só pode causar interpretações equívocas por parte dos crédulos, e descrença nas pessoas de bom senso. Se uma arte marcial funciona, é preciso demonstrar que ela funciona, sobretudo diante do público em geral; e se ela não funciona, ela não deveria ser apresentada, exceto como fazendo parte de uma farsa, ou de uma paródia.

Os aikidocas mais responsáveis fazem demonstrações da arte deles claramente, e salientam as reservas necessárias que é preciso fazer com relação a ela como um método de autodefesa. Meu ponto de vista é o de que os dois aspectos do Aikidô que estão mais próximos da arte do Tai Chi são o movimento evasivo dos pés e a mudança de posição do corpo, além do uso das palmas das mãos para pressionar. Não me disponho a explicar aqui o movimento de dobrar o braço e prendê-lo, gesto típico do Aikidô na forma de uma ação imediata ao ataque, porque os braços de um lutador ou de uma lutadora não podem ser dobrados nem presos, a menos que a pessoa sinta muita dor, encontre-se em estado de semiconsciência ou de embriaguez, a ponto de não os poder dominar; ou a não ser que a força física dessa pessoa seja muito inferior à do oponente. É possível que Uyeshiba pudesse fazer tais coisas. Nos movimentos dos pés e na mudança de posição do corpo no Aikidô, passando por diversos movimentos, há um resquício da mesma energia que desliza e remoinha, que ascende e cai, e que é encontrada nas artes marciais interiores da China. Ao mover-se nesse sentido, a pessoa sente um tipo de alegria e de satisfação devido ao movimento que não necessita de nenhuma explicação, de nenhuma análise, de nenhum diagrama.

Há dois sistemas ocidentais de reeducação da postura que deveriam ser mencionados em relação às artes marciais e, em particular, ao Tai Chi. Isso se deve ao fato de as pessoas por vezes se referirem a elas como fazendo parte de um mesmo contexto; isto é, no contexto dos modos do movimento. Esses sistemas são o sistema de Alexander e o de Feldenkrais. O primeiro descobriu algo próximo da "não-ação" dos taoístas, e Feldenkrais reuniu muitos elementos do conhecimento concernente à postura, ao movimento das articulações, à respiração e à psicologia.

Alexander era um homem que fazia representações no palco. O estado da sua voz era, pois, de grande importância, e quando ele começou a sentir dificuldade para falar, foi necessário encontrar um remédio o mais cedo possível. Ele se valeu de muitos métodos, alguns dos quais envolvendo o uso de espelhos, a fim de descobrir se, ao falar, fazia algo com a sua postura que interferia na produção do som. Toda vez que ele julgava ter descoberto o que estava fazendo erradamente, e se corrigia, surgia na sua postura outro defeito que tomava o lugar do primeiro. O tempo passou. Ele começou a dedicar mais tempo à sua tentativa de descobrir por que não lhe era dado encontrar a postura correta, particularmente a posição da cabeça com relação à parte superior da espinha, mais tempo do que dedicava à carreira em si. Depois de muito pesquisar sobre si próprio, ele compreendeu que de nada valia todo o seu empenho em corrigir sua postura usando as diretrizes da mente na orientação do corpo, diretrizes em que ele não poderia obter êxito. Se ele se obrigava a se deslocar alguns centímetros desta ou daquela forma, ou endireitar os ombros, ou erguer a cabeça, isso não fazia diferença. O hábito, a tensão e sobretudo uma imagem incorreta da própria postura, derivados do que se transformara nas sensações erroneamente interpretadas da sua postura, sempre dominaram a sua intenção. Ele compreendeu, com o passar dos anos, que a imagem que todos têm da própria postura ou do próprio movimento é, na verdade, falsa.

Se você pedir a uma pessoa adulta que lhe diga pormenorizadamente como ele julga que está a sua postura enquanto ele se acha em pé, e em que posição está a cabeça com relação à espinha, ele freqüentemente errará. Ele acreditará, por exemplo, que os ombros estão igualmente caídos ou no mesmo nível um do outro quando, na verdade, não estão; que o queixo está abaixado quando, na verdade, se projeta para a frente, e assim por diante. Mesmo que você o corrija e lhe mostre o que está errado diante de um espelho, em alguns segundos ele voltará à antiga posição. Alexander continuou a pesquisa fazendo-se de cobaia. Ao fim e ao cabo, descobriu o que chamou de "controle primário". Este tinha que ver sobretudo com a relação entre a cabeça e as vértebras cervicais, com a sua tensão e posição, e com a descoberta de um tipo de meio versátil de adaptar essa relação à vida cotidiana. Fazendo um resumo das suas teorias: existem meios de reeducar algumas pessoas, mas não todas, para que se ajudem a si próprias a abandonar antigos hábitos posturais e permitir que uma parte diferente do sistema nervoso e do cérebro lhes regulem os movimentos. Para que isso seja compreendido, é necessário um longo período de treinamento regular, e a prática contínua, entremeados de visitas relaxantes a um mestre de quando em quando, a fim de avaliar o progresso. Resultados surpreendentes foram alcançados por meio do sistema de Alexander. A relação com o Tai Chi abrange diversas áreas. Um dos ditos dos clássicos do Tai Chi é que a cabeça deveria ficar suspensa a partir de cima, como que segura por um fio. Para que isso aconteça, o pescoço deve estar livre, e não tenso. Essa liberdade do pescoço é um dos pontos centrais do sistema de Alexander. No Tai Chi, a espinha deveria ficar naturalmente ereta e o centro de gravidade deveria ficar embaixo. Para que isso aconteça, os joelhos têm de se ver livres da tensão habitual, e as vértebras do sacro e lombares inferiores devem estar isentas do estado desnecessário da pressão de quem se adianta ou recua causada pela tensão muscular. Este é também um dos resultados do treinamento de Alexander. Em muitas pessoas, a conseqüência disso é elas se tornarem um pouco mais altas. Atualmente, é comum para o treinamento do Tai Chi e do método de Alexander as pessoas se reunirem de quando em quando em seminários especiais.

Feldenkrais foi um homem de muitas qualidades; ele era muito inteligente e sensível, e tinha grande interesse pela relação entre a postura e a psicologia. Um dos temas que o interessou no começo da sua carreira foi o papel da postura no comportamento sexual; ou seja, ao fazer amor. Ele achava que muitas pessoas com problemas sexuais eram incapazes de deslocar a pélvis livremente para trás e para a frente. A culpa que sentiam acerca do sexo e acerca do ato sexual "paralisava" mais ou menos a pélvis até a parte superior do corpo. Feldenkrais estudou esse assunto detalhadamente.

Ele também foi um entusiasta do Judô, e chegou a ser Faixa Preta nessa área. Ao praticar Judô, sobretudo o combate no chão, os quadris, a cintura e a área da pélvis em geral se movimentam muito. É possível dizer que nos movimentos realizados no chão, típicos do Judô, a parte inferior das costas deve ser flexível e permitir o movimento para que o lutador seja bem-sucedido. Um judoca com os mesmos problemas das pessoas com problemas sexuais não seria capaz de realizar as técnicas satisfatoriamente.

É possível dizer coisa semelhante sobre a *performance* do Tai Chi. A torção da cintura, o movimento ondeante da cintura e da pélvis, ou o fazer com que a pélvis vibre ao pressionar, são todos exemplos disso. A liberdade da escápula ou omoplata, a que se ligam cerca de uma dúzia de músculos, é mais um exemplo da confluência dos caminhos do Tai Chi e de Feldenkrais. Este escreveu e deu seminários sobre esses assuntos, reunindo um mundo de seguidores. Num curso de Tai Chi e de Chikung que freqüentei anos atrás em Boston, um mestre de Feldenkrais lá estava, ajudando os estudantes nas suas dificuldades com a postura e dando-lhes exercícios simples e proveitosos para as corrigir.

Os assuntos mencionados neste capítulo, e muitos outros, têm grande afinidade com o Tai Chi nas suas diversas formas. Isso se deve ao fato de todos eles trazerem em si algum tipo de conhecimento fundamental sobre o modo com que trabalhamos, em particular com respeito ao modo como nos movimentamos. Estudar qualquer um desses modos pode lançar luzes sobre outros modos, e aumentar o conhecimento que temos de nós mesmos.

6. Chi Kung

Na mitologia grega, existe uma substância chamada icor, que flui pelos vasos sangüíneos no corpo dos deuses, e que lhes confere ao sangue uma característica especial. Os chineses acreditam que, além das energias no corpo humano examinadas pela ciência ocidental, há uma outra energia a que eles chamam de Chi. Essa energia é comumente traduzida como energia interior, e o Chi Kung significa o cultivo da energia interior.

O estudo do Chi Kung se perde no tempo, e sua origem é anterior às origens das formas do Tai Chi. Ele é realizado por intermédio da adoção de certas posturas, pelo controle da respiração e pela concentração da mente. Algumas autoridades afirmam que a prática do Chi Kung remonta pelo menos a quatrocentos anos, ao período Yao. Os "Anais da Primavera e do Outono" afirmam que as pessoas que viveram em regiões de clima úmido, o que levava à estagnação do sangue e do espírito, foram aconselhadas a fazer certos exercícios de respiração e a realizar um tipo de dança. Durante o período dos Estados em Guerra, de 720 a 222 a.C., foi escrito:

> Quando você inspira e expira conscientemente, isso ajuda a encher os pulmões de ar puro e a liberar o ar viciado. Se

você se desloca como um urso e se estira como um pássaro, isso pode ter como conseqüência uma vida mais longa.

Essas idéias foram preservadas na forma de entalhamentos sobre o jade e são conhecidas como sendo os preceitos de Chi Kung. Mais uma prova da existência em antigos tempos do Chi Kung foi desenterrada em 1979, quando descobriu-se uma relíquia pintada. Ela mostrava homens e mulheres realizando movimentos que imitavam os movimentos dos animais. Ela datava da dinastia Han ocidental (206 a.C. — 24 d.C.). No século II, um famoso médico chinês, Hua Tuo, escreveu que as dobradiças numa porta que seja utilizada com freqüência jamais haverão de se cobrir de insetos, tampouco serão por eles infectadas, querendo dizer que o exercício e o alongamento ajudam a manter o corpo saudável. Atribui-se a ele a invenção de uma série de movimentos combinados com a respiração, baseada nas "brincadeiras" dos Cinco Animais: o tigre, o cervo, o urso, o macaco e o pássaro. Os movimentos comumente são conhecidos como as Brincadeiras dos Cinco Animais. Nos dois mil anos seguintes, referências ao Chi Kung figuram em diversos escritos que chegaram até nós. Não admira, pois, que esse antigo processo de cultivo da saúde, amplamente aceito e visivelmente eficaz, se incorporou às artes marciais, incluindo o Tai Chi.

Quando tentamos precisar um pouco mais o conceito do Chi Kung, ou, melhor ainda, do Chi, nos deparamos com uma lacuna cultural e intelectual. No Ocidente, sujeitamo-nos a uma educação científica e a uma necessidade de provas intelectuais sobre a existência das coisas. Precisamos da nossa famosa "prova científica" e do nosso "fato científico". Se algo é descrito como um fato científico, na mente da pessoa que fala isso, quase equivale a dizer que o próprio Deus transmitiu-lhe a informação. Enquanto a ciência preenche o seu lugar, o fato científico não é apenas o único critério; há também uma coisa que se chama bom senso, e ela se baseia na experiência.

Recentemente, num programa sobre a alimentação na rádio BBC, um cientista afirmou que ele haveria de ganhar o Prêmio Nobel de medicina se conseguisse provar por que certas pessoas são sensíveis a determinados alimentos — não alérgicas, mas sensíveis. O fato da sensibilidade a alguma coisa existe, mas não a explicação científica para esse fato. Só um tolo diria que as pessoas que passaram por essa reação estavam imaginando coisas. No momento, temos de adotar essa mesma atitude no que concerne ao Chi, à sua existência e à sua definição. É possível pensar o Chi como uma energia sutil que ajuda e acompanha todas as atividades do corpo e da mente cientificamente comprovadas: a digestão, a visão, a homeostase, o pensamento, o sentimento, o movimento, a sensação e assim por diante. Tudo o que os seres humanos fazem recebe, em algum estágio, a ajuda do Chi.

Existe, entretanto, uma idéia errônea que aos poucos veio fazer parte das idéias sobre o Chi no que respeita a alguns ocidentais, principalmente com relação ao Tai Chi. Esta é a de que há apenas um tipo de Chi. Essa idéia equívoca em parte é culpa de alguns mestres, mas também é culpa das pesquisas feitas sem rigor pelos estudiosos, porque a informação consta em diversos livros sobre a medicina chinesa tradicional. Todo processo, toda estrutura e todo órgão num ser humano apresentam o próprio Chi, a própria energia que ajuda a desempenhar melhor as atividades. Há diversas formas de Chi, e o processo de cultivá-lo não se dá de modo tão constante quanto muitos imaginam. Devido ao fato de um grande número de mestres do Tai Chi ter concentrado a sua atenção, talvez erroneamente, no Chi que supostamente acompanha os atos de aspirar, de absorver e de utilizar o ar, difundiu-se a idéia de que essa é a única forma do Chi. Se você está estudando um tema e espera passar rápida e facilmente por ele, é um alívio simplificar as coisas envolvidas nesse processo, ainda que se trate de um engano. O estudo do Chi é um exemplo disso. Se temos como certo que o Chi, ou seja, a vitalidade, existe, e a experiência comprova que ele existe, devemos também acreditar que ele é um tema pelo menos tão complexo e difícil de entender quanto a prática da medicina ocidental. Se os livros e os mestres transmitem um ponto de vista simplificado, isso pode ser uma má orientação, e poderia até mesmo ser algo perigoso.

Atualmente, todos admitem que a acupuntura pode ter efeitos benéficos. Os efeitos são gerados pelo estímulo e pela diminuição do fluxo do Chi ao longo dos canais invisíveis que percorrem a superfície e o interior do corpo. Em termos de experiência, podemos considerar isso como sendo uma prova empírica, lógica e suficiente da existência do Chi, e deixá-la de lado como tal. O Chi existe. Concomitantemente, ele é apenas um conceito, assim como energia. Ele só é experimentado na sua variedade, não em algum estado puro e primitivo. Ele está presente em variados aspectos da cultura chinesa, que podem ser divididos em grupos aproximados, conquanto estejam imbricados uns nos outros.

A Medicina

O principal reconhecimento da medicina com relação ao Chi está no uso das agulhas finas nos pontos da acupuntura, o queimar o pó de moxa sobre os mesmos pontos, o uso da massagem nos canais do Chi, o tomar o pulso para se certificar da qualidade do Chi nos vários órgãos, o relacionar os alimentos e as plantas às qualidades do yin e do yang que afetam o Chi, o uso de exercícios do Chi Kung com supervisão médica, em condições controladas para enfermidades específicas e para consolidar a resistência do corpo à doença, e a aplicação das agulhas com o objetivo de produzir anestesia. Como uma conseqüência da determinação dos médicos em estudar o Chi Kung na China, atualmente há diversos *colleges,* associações, escolas e outras organizações em que se realizam em grupo os exercícios simples do Chi Kung. Desde 1949, as autoridades médicas da China realizaram longos e cuidadosos testes, ao lado de análises estatísticas, no uso da terapia do Chi Kung.

Antes dessa investigação do Chi inspirada no Ocidente, e antes da conseqüente amostragem de dados, parece que todo especialista nas diferentes disciplinas em que o Chi era utilizado seguiu as linhas de estudo que aprendera com um mestre. A necessidade de quadros contendo os resultados não aconteceu da mesma maneira, e os métodos comprovados se confundiram com folclore e com crenças menos fáceis de verificar. Hoje em dia, a medicina chinesa inclui os métodos ocidentais lado a lado com os métodos tradicionais, e apresenta um enigma a quem quer que esteja interessado na história das idéias da medicina. É como se, ao olharmos para o mundo, o cérebro não combinasse as impressões dos nossos olhos numa única impressão, mas nos apresentasse duas imagens simultâneas mas diversas do mesmo objeto. Que estranha experiência haveria de ser! Mas os médicos chineses parecem capazes de acolher essa experiência dual com facilidade, em parte por causa da descoberta de que certos grupos de doentes reagem melhor ao tratamento ocidental, sobretudo em casos de emergência, do que ao tratamento dos chineses; e outros grupos reagem melhor ao tratamento tradicional chinês, tendo como pano de fundo o Chi. Visto que os chineses voltam sua atenção e suas aspirações mais para o Ocidente, tornou-se mais comum para os mestres de artes marciais citar as provas acumuladas, no estilo ocidental, da utilidade do Chi Kung como uma recomendação para o Chi Kung encontrado no treinamento deles.

As Artes Marciais

Se abordamos os estilos de luta com que estamos familiarizados no Ocidente, tais como o boxe, a luta livre e até mesmo os torneios de Sumô que se tornaram populares recentemente, reconhecemos o fato óbvio de que certos competidores apresentam uma superioridade evidente sobre os demais. Mike Tyson, na condição de campeão peso-pesado de boxe, e Mohammed Ali, com a sua destreza realmente espantosa, nos últimos anos são bons exemplos. Os praticantes de artes marciais chinesas diriam que a energia Chi desses dois homens era alta, na atividade específica que escolheram. Mesmo sem ouvir falar sobre o Chi, Tyson e Ali o cultivaram. O Chi que eles possuem é forte, e o Chi Kung deles, para assim dizer, involuntariamente procurado, é o Chi Kung forte. O método de treinamento procurado por Morihei Uyeshiba de bater a cabeça numa placa de pedra também se enquadra nessa definição, assim como o hábito de Sun Lu-t'ang cavalgar agarrando a cauda do cavalo. O Chi forte é o Chi que se concentrou nos músculos e que lhes conferiu mais força e vigor. O Chi suave é o Chi utilizado no Tai Chi, no Pa-kua e as suas variações, para aumentar a sensibilidade, a ligeireza, a agilidade e também a força, mas uma forma diferente de força da proporcionada pelo Chi forte.

Atividades Circenses

Nessa rubrica, podemos colocar o cultivo do Chi sem outra razão além de objetivos sem finalidade prática. Por exemplo, alguns homens realizam feitos tais como deitar numa cama ou sobre vidro moído, com um bloco de pedra sobre o abdômen, que é despedaçado por uma marreta. Espetáculos que tais foram vistos por todo o mundo, e arrancaram muitos "ohs" e "ahs" das platéias, porém pouco fizeram além disso.

O Mundo das Artes

Cultivando o Chi, sobretudo através da respiração, os pintores, os músicos, os atores e os calígrafos foram capazes de produzir obras e trabalhos manuais que talvez não fossem possíveis sem o Chi.

As Artes Ocultas e as Sociedades Secretas

Há um grande número de obras sobre o cultivo do Chi no sentido de conseguir experiências sobrenaturais, introvisão, poderes mediúnicos, cura a distância, para causar danos aos inimigos a distância, conseguir a imortalidade, ser imune ao veneno, e assim por diante. A essas áreas pertencem as pessoas que defendem o uso do Chi

Kung para desenvolver energias sexuais de caráter estranho. Tratase de um mundo obscuro que envolve o Chi Kung, e, naquilo que influenciou a teoria do Tai Chi, causou mais danos do que benefícios.

Tendências religiosas

O uso do Chi Kung aparece na religião taoísta, no budismo Ch'an e em algumas seitas chinesas menos importantes que têm aparecido de tempos em tempos. Uma vez mais, trata-se de um território obscuro. No caso do Taoísmo, dever-se-ia fazer uma distinção entre o caminho religioso e o caminho filosófico. A religião tem os seus ministros, a sua hierarquia, os seus dogmas de fé e o seus rituais, combinados com as instruções sobre o uso do Chi para alcançar a experiência religiosa. A filosofia indica um meio de a pessoa estar em harmonia com a natureza, de deixar o Chi fluir e cumprir seu destino. O budismo Ch'an, o Zen, tem algo em comum com essa abordagem.

Esses diversos mundos em que o Chi Kung é encontrado influenciaram todos os pensamentos sobre o Tai Chi, sua doutrina e seu desenvolvimento. É possível que os estudantes que se dedicam ao Tai Chi achem que é útil saber algo sobre essas outras influências para que, ao se depararem com elas, sejam capazes de identificar-lhes as origens e avaliar quão seriamente desejam abordá-las. Observemo-las mais pormenorizadamente.

A Medicina

Uma das principais causas da doença, de acordo com a medicina chinesa tradicional, é o Chi estagnado ou estase. Por exemplo, um caso de má circulação do sangue poderia ser diagnosticado como estando relacionado com um Chi enfraquecido do sangue, acarretando uma diminuição do seu movimento e uma incapacidade de penetrar totalmente os minúsculos vasos sangüíneos. Num nível mental, poder-se-ia dizer que o Chi estagnado contribui para a síndrome do contínuo aborrecimento sobre o mesmo problema: estase mental.

A terapia do Chi Kung curou diversas enfermidades. Entre elas estão as úlceras gástricas e duodenais, as dores de cabeça, a visão ruim, as dores de estômago, a neurastenia, o cólon espástico. A terapia estimulou e compensou o fluxo do Chi e o corpo da pessoa voltou ao normal. Casos também há em que o diagnóstico de um médico ocidental diferia do de um médico chinês; a úlcera do duodeno foi o diagnóstico do médico ocidental, e a disfunção do estômago e do baço o diagnóstico do médico chinês. Citam-se outros casos em que nem o tratamento ocidental nem outro tratamento chinês foram eficientes, mas em que a terapia do Chi Kung surtiu efeito. A explicação para essas curas com muita freqüência é tão-somente fazer os exercícios prescritos; eles não são difíceis de aprender, mas alguns pacientes não têm a persistência necessária para dar continuidade a eles numa base regular.

A terapia se divide em duas partes: a estática e a dinâmica. No Chi Kung estático, certo número de posturas diferentes é adotado: ficar imóvel, inclinar-se, sentar, agachar-se, deitar-se de costas e de bruços. Na terapia dinâmica, várias posturas, uma atrás da outra, são realizadas, e algumas delas se destinam a melhorar a saúde de um ponto de vista geral, e outras visam enfermidades específicas. Uma terapia auxiliar é a própria massagem do Chi Kung ou o uso das mãos para dirigir o Chi. Um exemplo desse uso é pôr as mãos no abdômen, perto do umbigo, e fazer movimentos circulares em torno do ponto determinado. Em certos ensinamentos do Tai Chi, o umbigo, ou a parte logo acima dele, o Tan T'ien, é descrito como um ponto central para o Chi; um ponto em que o centro de gravidade pode ser estabelecido para que o equilíbrio da pessoa não seja perdido com facilidade.

A esta altura, deparamo-nos com uma relação evidente entre os dois temas, e podemos resumir afirmando que, com base nas respectivas idades de cada escola, o Tai Chi absorveu suas idéias do Chi Kung, e não o contrário. Atualmente, os que difundem o Chi Kung na China parecem considerar o Tai Chi como sendo apenas uma das muitas formas do Chi Kung. Embora isso possa ser verdadeiro em certo sentido, o Tai Chi se desenvolveu tanto num tema independente que é preciso fazer uma distinção clara sobre isso. Para nós, poderíamos encontrar uma analogia na dança na Europa. A dança pode ter sido em alguma época sobretudo dança do povo, mas, com os séculos, ela se diversificou tanto que não haveríamos de chamar, por exemplo, o balé clássico de dança popular.

As brincadeiras dos Cinco Animais mencionadas anteriormente hoje em dia são classificadas como que fazendo parte da terapia do Chi Kung. Com relação a esses movimentos, costuma-se dizer que a pessoa deveria se mover como que a brincar com as ondas e as correntes marítimas enquanto a mente paira sobre o mar. O médico chinês Hua Tuo, que supostamente foi o criador das Brincadeiras dos Cinco Animais, possivelmente estava assentando as bases do Hsing-I, em que as formas dos doze animais são ensinadas. Nos nomes das posturas do Tai Chi, como vimos, a presença dos animais é comum: a Garça Branca, a Serpente que Rasteja e o Domar o Tigre. As Brincadeiras são movimentos que se baseiam nos movimentos do Urso, da Garça, do Cervo, do Tigre e do Macaco. Quando esses movimentos são realizados, o Chi não apenas flui da maneira prescrita e o corpo copia os movimentos, mas também a postura e a conduta do estudante deve transmitir o espírito e a impressão do animal em questão. As características das Brincadeiras são:

A mente e o corpo trabalham juntos.
Movimentos flexíveis, espiralados e circulares.
Movimentos lentos e movimentos rápidos, lentos "como tecer a seda" e rápidos "como uma serpente assustada".
Atenção ao peso, estabilidade e sutileza.
Brandura e força de acordo com o tipo de movimento.
Respiração em harmonia com o movimento.
Perseverança e prática consciente.

Podemos dizer que se consideramos todo o campo do Tai Chi, essas mesmas características também podem ser aplicadas a ele. Quando as Brincadeiras são realizadas, o estudante tenta perscrutar dentro do animal e captar-lhe o espírito. Por exemplo, embora o urso seja pesado e desajeitado, e, em alguns aspectos, canhestro, não obstante isso, ele é veloz e rápido quando necessário. Essas qualidades têm de "estar presentes" no estudante à proporção que ele treina, e repetidas vezes ele deve transmiti-las aos seus movimentos. A garça voa como se estivesse "brincando com as nuvens e com a lua", no entanto, ela também se mostra "tão serena quanto um pinheiro". O cervo salta e se arremessa, mas é também muito calmo. O tigre tem poderosas patas (retese os dedos) e os olhos dele dão a impressão de estar cheios de força; seus movimentos deveriam "sugerir os movimentos de um furacão", mas também "trazem em si a quietude da lua". O macaco, embora brincalhão e constantemente agitado, tem, apesar disso, o próprio tipo de tranqüilidade, e, na lenda do Macaco, ele apresenta uma força imensa quando se vale do seu bastão mágico para lutar. Assim sendo, as Cinco Brincadeiras são muito mais variadas e versáteis do que o tipo de Tai Chi que geralmente encontramos no Ocidente. O tom dessas brincadeiras muda notadamente se comparado ao tom do Tai Chi, cuja ênfase é a calma e um tipo de dignidade serena; a lentidão e o cálculo. É só quando nos deparamos com algumas das mais antigas formas do Tai Chi, como já observamos, e com a aplicabilidade delas com vistas ao combate, que percebemos relações mais próximas com as Cinco Brincadeiras.

O outro aspecto da terapia do Chi Kung por vezes ensinado nas aulas de Tai Chi, ou introduzido como parte dos exercícios de aquecimento e relaxamento, é a automassagem. Todos já passamos pela experiência de bater o cotovelo, ou o joelho, e instintivamente pôr a mão sobre o local. Em parte, isso se deve ao desejo de tocar o ponto e descobrir o que lhe aconteceu, mas também "acreditamos", sem que expressemos isso por palavras, que podemos "aliviar a dor" procedendo assim. As mães confortam com as mãos os filhos que levaram um tombo. Curadores espirituais do Ocidente fazem passes com as mãos sobre o corpo doente dos seus pacientes. Essa crença difundida do poder de cura das mãos foi desenvolvida pormenorizadamente na terapia do Chi Kung. Alguns terapeutas afirmam que isso passou a ser uma ciência. As técnicas das mãos, que utilizamos, são semelhantes às da massagem terapêutica ocidental, e são elas:

> Dar pancadinhas com a palma da mão, com a ponta dos dedos, pancadas mais fortes com a mão, torcer, bater, pressionar, amassar, beliscar, friccionar, picar, agarrar e bater com os punhos.

Com efeito, os movimentos são muito semelhantes aos movimentos relacionados com o bater nas artes marciais; só a maneira de utilizar a mão e a intenção do ato se distinguem. Em suma, todas as formas em que a mão humana pode ser utilizada foram adotadas. Em alguns casos, os pauzinhos com que os japoneses comem, varetinhas de bambu e varetas acolchoadas são utilizadas em vez das mãos. A principal diferença entre a massagem ocidental e a massagem do Chi Kung, quer administrada por si mesmo ou por outra pessoa, está no pormenor da mão e na teoria que está por trás dela; o que se segue é um exemplo disso. De vez em quando, massageia-se a órbita do globo ocular. A órbita em si se divide em áreas que supostamente se relacionam com os órgãos do corpo. Essa teoria é por vezes chamada de Acupressão, e, na verdade, segue linhas semelhantes, porém mais comuns, para a Acupuntura. Além disso, a acupressão tem movimentos de golpe e de pancadinhas junto com os canais Chi do corpo. Em algumas aulas do Tai Chi, esses tipos de movimentos são ensinados a fim de que a pessoa os utilize por si mesma, para soltar o corpo, liberar a tensão e tentar prolongar o centro de gravidade, clareando os pensamentos.

Um dos aspectos importantes da terapia do Chi Kung, segundo informações minhas, é a quantidade de tempo que se lhe deve dedicar, e o grande número de repetições necessário para produzir resultados duradouros. A fórmula do "Cinco Minutos por Dia" para que você consiga a beleza, a saúde e a força, tão cara aos editores ocidentais e a quantos fazem palestras sobre temas semelhantes, não se aplica à Teoria do Chi Kung. Registros vindos da China indicam que os períodos de prática se iniciam com tudo o que os pacientes puderem suportar sem que se esgotem, e esses horários podem se estender até oito horas quando a pessoa está às voltas com uma doença grave. Seria também preciso ter em mente que essa é a terapia controlada por instrumentos médicos ao alcance para observar as irregularidades no coração, no pulmão, na pressão sangüínea e assim por diante. Não se trata de nenhuma "viagem" no sentido da presença de anfetaminas no corpo, mas de uma tentativa séria de se tornar saudável e forte fisicamente. Isso nos faz lembrar do árduo treinamento por que passaram alguns estudantes do Tai Chi.

As demonstrações "circenses" do Chi Kung no Ocidente datam, de um modo que se possa considerar, do começo dos anos de 1970, quando um grupo de artes marciais chinesas visitou os Estados Unidos pela primeira vez desde a II Guerra Mundial. Além das exibições belas e dramáticas com respeito à destreza nas artes marciais, certo homem, Hou Shuying, quebrou uma placa de granito com a cabeça. Aparentemente, ele não se feriu; o feito foi a causa de as artes marciais se tornarem motivo de conversa em todo o mundo. As pessoas haviam visto os praticantes do Karatê quebrarem toras de madeira e telhas, mas isso era algo mais. Qualquer pessoa forte e corajosa pode golpear e quebrar uma tora de madeira apropriada, mas é preciso algo especial para quebrar granito com a cabeça. Um outro grupo visitou Londres e fez uma exibição no Albert Hall. As façanhas desse grupo incluíam deitar sobre cacos de vidro, cobrir a cabeça com uma placa de concreto que era, então, quebrada com uma marreta. O homem com a cabeça "à prova de concreto" pôs-se de pé e não parecia de forma alguma pior. Tempos depois, no restaurante Great Wall, em Chinatown, em Londres, mais dois artistas de artes marciais vindos da China deram mostras de ter uma força incomum no pescoço. Ambos pegaram uma sólida lança, que foi testada pelos membros da imprensa, sempre agindo com cinismo, e que lá estavam em grande número, e colocaram a ponta contra o seu pescoço. Pousando a ponta cega da lança no chão eles recurvaram o cabo de cada lança ao ponto de quebrar, sem nenhum sinal de ferimento. Essas atividades surpreendentes são realizadas não apenas por pessoas adultas, mas também por criancinhas, o que significa que essas atividades não dependem exclusivamente da força ou da rigidez dos ossos. Embora os ossos das crianças sejam de um tecido mais tenro do que o dos ossos dos adultos, não se pode enquadrar essas façanhas no sentido da mera flexibilidade dos ossos nesse caso. Sugeriu-se que essas proezas não passam de truques, que são tão-somente o produto de destreza mecânica, que o corpo foi especialmente fortalecido por drogas, e assim por diante. Mas as pessoas que realizam esses atos dizem tratar-se da conseqüência no treinamento do Chi Kung.

Nos círculos do Tai Chi, as atitudes com relação a esses atos variam. Alguns instrutores têm certas "tendências" a que tiram o chapéu em certas ocasiões; outros não se preocupam com essas coisas. A principal característica desses "mistérios" do Oriente é que eles não apresentam nenhum valor prático. Não são sequer úteis para a luta, devido ao fato de uma demonstração ser simulada, não uma luta real. A pessoa que sofre um golpe teve tempo para se preparar, ativou o Chi no corpo e no seu centro. O homem com a marreta a utiliza de um modo especial, no ângulo correto, e assim por diante. Numa luta de movimentos rápidos, se o homem com a marreta acertasse com ela a cabeça da pessoa que faz a demonstração, a história poderia ter se encerrado de modo bem diferente. Um dos efeitos prediletos dos mestres do Tai Chi que fazem demonstrações da destreza nessa área é solicitar diversos membros da platéia a fim de que façam fila e tentem puxá-lo. Eles quase nunca são bem-sucedidos; mas a posição é uma posição estática, e é possível considerar que a mecânica das forças em jogo torna difícil para as pessoas da platéia ser bem-sucedidas. Na Pressão das Mãos, evidentemente, se a confusão está criada, a destreza que envolve a postura estática não terá utilidade.

O Mundo das Artes

No mundo das formas artísticas, a beleza da dança chinesa em parte se deve ao uso do Chi Kung. Nos *Anais da Primavera e do Outono*, há um capítulo dedicado à música antiga. Essa obra, que é de cerca de 2.300 anos atrás, relata de que modo as danças se destinavam a aumentar a aptidão das pessoas. Durante o mesmo período, as danças eram realizadas utilizando as armas de guerra de então. Outras danças baseadas nos movimentos dos animais, as danças realizadas para homenagear os deuses, as danças de exorcismo e as danças dos xamãs têm todas essa consciência da existência do poder do Chi fazendo parte delas.

Chang Chung-yan, no seu livro *Criatividade e Taoísmo,* escreveu: "Achamos que os grandes mestres da pintura só fazem suas contribuições quando eles... vivem num estado de serenidade interior." Em seguida, no mesmo livro, ele escreve que "Quando Su Tung-p'o segura o pincel, ele sente que as potencialidades se originam assim como os mananciais do solo..." No Tratado sobre a Pintura de Chang Huai, mencionado por Chang Chung-yuan, descobrimos que "Seu pincel estará em secreta harmonia com o movimento e com a quietude, e todas as formas haverão de se originar". Essa idéia da secreta serenidade e da liberação das potencialidades por meio do pincel, do estar em harmonia com o movimento, com o yang, e com a quietude, o yin, fazem parte do equilibrado uso do Chi e se harmonizam com ele. Vemos isso também nas formas do Tai Chi.

Por vezes, o Tai Chi é chamado de meditação em movimento, mas ele poderia ser igualmente chamado de pintura em movimento, de vez que tanto o pintor como o estudante dessa modalidade contam com fatores semelhantes. O movimento do Tai Chi é realizado tendo como pano de fundo a serenidade interior, e o movimento e a vida da pintura chinesa muito devem à presença de uma imobilidade nos espaços em branco da pintura, que contrasta com a ação de uma figura ou de uma árvore batida pelo vento, ou a imobilidade de uma montanha "arraigada" contrastando com o movimento de uma ave voando. Essas formas do Chi Kung estão muito longe de quebrar uma placa de granito com a cabeça.

As Artes Ocultas e as Sociedades Secretas

A China sempre foi um país de sociedades secretas, e muitas delas tiveram práticas que podem ser chamadas de ocultas num sentido bem generalizado. Não é possível dar conta da variedade dessas práticas num livro que versa principalmente sobre o Tai Chi; porém há certa idéia encontrada em muitas delas que pode ser um eixo para todas. Essa é a idéia de que a matéria e a energia podem ser transformadas, não apenas segundo os modos com que podemos observar e que a ciência ocidental descobriu: as estações, a digestão da comida, a atividade do sol em si mesma, e assim por diante. Essa idéia central afirma que a matéria e a energia podem ser transformadas por rituais mágicos, através do canto, pela meditação e por outros métodos. A transformação tanto ocorre no mundo físico quanto no "psíquico".

Do ponto de vista do pensamento chinês, as energias interiores e as substâncias presentes no homem, dentre as quais o Chi é um exemplo, estão passando por mudanças intensas na vida cotidiana. Certas práticas mencionadas por mim visam suscitar transformações diferentes das transformações da vida cotidiana, manipulando a energia interior. Falando genericamente, o pensamento chinês considera os seres humanos como que a trazer em si próprios as seguintes substâncias e energias:

O Chi:

As formas normais do Chi advêm dos pais no momento da concepção (yuan chi), por vezes chamado de Chi Pré-Natal; da comida, cuja digestão produz o Chi do Grão (ku-chi); do ar que respiramos com os pulmões, que produz o Chi do Ar Natural (kungchi). Este nos dá a expressão Chi Kung. O Chi pré-natal é o que supostamente confere a um ser humano a sua constituição. Ele está armazenado nos rins, que no pensamento chinês também têm estreita relação com a energia sexual. Quando essas três formas do Chi começam a circular por todo o corpo, elas dão origem ao que se denomina como Chi Normal. Este nos mantém aquecidos, lida com os Fluidos e com o Sangue descritos adiante, protege-nos de influências exteriores perniciosas, ajuda-nos no movimento, no pensamento, ajuda-nos a ter emoções e sentimentos. Apesar de todos esses objetivos e funções, ele se acha diferenciado no corpo. Diz-se que o Chi apresenta quatro movimentos: ele desce, sobe, adentra e parte. Quando o Chi deixa de funcionar corretamente, dá-se a desarmonia. É objetivo do Chi Kung restituir esse funcionamento.

O Sangue:

Quando a comida começa a entrar em processo de digestão no corpo, diz-se que o baço produz uma essência energética benéfica que ascende e circula até os pulmões. À proporção que ela ascende, ela encontra um tipo nutritivo de Chi — as duas energias agem mutuamente — e a partir desse encontro o Sangue é produzido. Não se trata do sangue de cor vermelha que nós no Ocidente imaginamos como sangue, mas trata-se igualmente de todas as qualidades do sangue. O Chi do coração e dos pulmões, pois, envia o Sangue para todo o corpo. Essa interdependência do Chi e do Sangue é salientada pelo fato de que o Sangue abastece os órgãos a partir dos quais o Chi é produzido.

O Ching:

O Ching também está presente no nascimento, juntamente com o Chi. O Ching participa do modo pelo qual uma pessoa cresce e se desenvolve. Esse tipo é chamado de Ching Pré-Natal. O Ching Pós-Natal provém da comida em seu estado puro, ou seja, da comida que foi purificada pelo processo digestivo. Junto com o Chi, o Ching cuida do aumento e da queda da vitalidade de uma pessoa desde o nascimento até a morte; as Sete Idades do Homem de Shakespeare podiam ter sido uma descrição do processo do Ching. Quando o Ching apresenta defeitos, é possível considerar tais coisas como uma incapacidade de amadurecer física, mental ou emocionalmente, como o envelhecimento precoce, e como os problemas relacionados ao funcionamento sexual normal.

O Shen:

Das energias, essa é a mais difícil de definir. Freqüentemente, tem-se utilizado a palavra "espírito" para traduzir Shen. A ausência de um Shen sadio tem como conseqüência a insanidade, os extremos da violência e da depressão, a confusão mental, a falta de viço. A presença de um Shen sadio tem como conseqüência a lucidez, certa sensação de estar em harmonia com a vida e com as outras pessoas.

Os Fluidos:

Estes são substâncias tais como a urina, o suor e a saliva. Eles lubrificam o corpo e provêem da digestão da comida. Eles ajudam na atividade do Chi e são por ele ajudados.

Em ordem descendente, passando das qualidades do yang até as do yin, temos o SHEN, o CHING, o CHI, o SANGUE e os FLUIDOS. São essas substâncias e energias que as diferentes vertentes ocultas da vida chinesa têm buscado com vistas a um grande número de propósitos.

Os Caminhos da Religião

Do ponto de vista da filosofia taoísta, um homem do Tao que tente seguir o Caminho do Tao é alguém que procura compreender as energias naturais, e com ela se harmonizar por meio do movimento e da quietude. Entretanto, a religião taoísta está mais perto da vertente oculta a que acabamos de aludir. Independentemente da forma que a religião assumiu no passado, atualmente há muitos pedidos para se ensinar a religião taoísta usando métodos que envolvem a violação da ordem natural e da hierarquia da transformação da energia por um sem-número de razões, algumas das quais de caráter estritamente comercial.

Uma das energias em que as pessoas se concentram é a energia sexual, juntamente com o Ching e o Chi a ela associados. Métodos há para estimular a energia e o desejo sexuais de maneiras óbvias, tais como tocar os órgãos sexuais, imaginar atos sexuais e, de maneiras menos óbvias, relacionadas com a postura, com a respiração e com a concentração. A idéia é a de que a essência sexual pode ser transformada e utilizada para suscitar a iluminação do espírito, a longevidade ou até mesmo a imortalidade, a levitação, a capacidade de voar, a aquisição de tanto peso que ninguém conseguirá fazer com que se arrede o pé, e de outros poderes. Há todo um corpo da literatura chinesa, a maior parte dele vazado em linguagem simbólica (o Talo de Jade equipara-se ao pênis), que lida com essas coisas.

Qualquer estudante do Tai Chi pode deparar com referências a esse tipo de coisa, o que, para mim, significa que numa época ou outra, o Tai Chi foi, por assim dizer, posto num grande saco que, junto com outras coisas, foi bem chacoalhado. Quando o conteúdo do saco foi despejado, uma vez mais um grande número de fragmentos dessas idéias ainda permaneceram dentro dele. Do meu ponto de vista, a questão é que é melhor deixar esses materiais sozinhos e se concentrar no movimento, no relaxamento e na forma correta, e ter em mente o tipo de Chi Kung a que agora retornaremos.

Voltando a Takuan, abade zen, e à carta que ele escreveu para Yagyu sobre a arte da esgrima, damos com um tipo de Chi Kung que está mais próximo do Chi Kung dos pintores chineses. Ele falava sobre a tendência que tem a mente em "parar" ou de se deter naquilo que percebe. Posteriormente, ele desenvolve esse tema e afirma que:

Quando olho para uma árvore, percebo que uma das suas folhas é avermelhada, e a minha mente "se detém" nessa folha. Quando isso acontece, vejo apenas uma folha e não consigo tomar conhecimento das outras inúmeras folhas da árvore... Porém, quando a mente se move sem "se deter", ela apreende centenas de milhares de folhas sem fracassar. Quando isso é compreendido, somos Kwannons [seres iluminados].[6]

Aqui, o Chi Kung em atividade é algo sutil, e requer árduo esforço, preparação e muito estudo de si mesmo, com um mestre. Para os estudantes do Tai Chi, ele fornece um retrato da criação ininterrupta das formas ou da Pressão das Mãos com um perfeito equilíbrio entre o movimento e a imobilidade. Takuan prossegue a dizer que quando o espadachim se tornou totalmente amadurecido na doutrina da não-determinação-do-espírito (não-detenção-do-espírito), ele, em certo sentido, ignora a técnica da espada assim como a ignorava antes de ouvir falar em espada. Entretanto, a esta altura, ele está mudado.

Embora não tente conscientemente
guardar os arrozais da invasão de intrusos,
o espantalho não tem, afinal,
propósito nenhum.[6]

(Bukkoku Kokushi, 1241-1316)

Takuan cita o poema acima para exemplificar uma questão. Depois, ele faz mais uma afirmação importante: "A compreensão exclusiva do princípio não pode levar uma pessoa à mestria dos movimentos do corpo e às suas formas... o treinamento na técnica, que está repleta de pormenores, não deve ser negligenciado." Mas o princípio de não permitir que a mente se detenha deveria levar adiante. Os três estágios do iniciante na inocência e na ignorância, do estudante repleto de conhecimento e esforçado, do espadachim num estado em que nada pensa, revelam o que eu chamaria de saudável abordagem do Chi Kung, a única seguida pelos filósofos taoístas e pelos mestres do Tai Chi mais fiéis a esta arte. Ainda que o estudante conheça muitas coisas e muitos truques técnicos, ele tem ao seu lado o mestre para que este o lembre do objetivo de nada pensar; que o lembre de que os movimentos de sua espada não dependerão, em última análise, apenas da técnica. Esse estado de coisas o impede de ser desviado do seu objetivo para o tipo de caminho anunciado pelo que restou da religião taoísta e dos seus métodos associados.

As contrapartidas do uso da espada no Tai Chi são os movimentos das formas e o treinamento na Pressão das Mãos e no Combate no Tai Chi. Buscando não pensar em nada, seguindo a orientação de um mestre, um estudante está *aprimorando* o seu Chi e está criando o Chi Kung. Basta procurar com insistência o relaxamento e a concentração interior; isso levará a pessoa a não pensar em coisa nenhuma. Não é necessário encher a cabeça de centenas de teorias e de práticas relacionadas com a religião taoísta, sobretudo quando as aprendemos pelos livros; isso leva ao pensar-em-tudo e não ao pensar-em-nada.

Fung Yu-lan escreve sobre uma tradição, não muito conhecida, mas importante para o assunto de que tratamos aqui. Parece que além de toda a doutrina de Buddha de que se tem registro, e da montanha de textos e de ensinamentos que se acumularam no nome dele, há uma doutrina secreta que foi separada de tudo o mais. O Buddha transmitiu essa doutrina para um discípulo. Ela foi transmitida oralmente de homem a homem até que chegou a Bodhidharma, o vigésimo oitavo Patriarca. Entre o ano de 520 e 526, Bodhidharma viajou para a China e fundou a escola budista Ch'an, em condições que já haviam sido possibilitadas pelos budistas chineses. Dessa época até os dias de hoje, uma corrente de ensinamentos, cuja fonte original foi a doutrina secreta do Buddha, revigorou a vida cultural da China, do Japão e, em certa medida, do restante do mundo. Esse vigor encontrou certa expressão na carta escrita por Takuan, e, se se quiser, deu mais importância à abordagem do Chi Kung por meio da ausência do pensamento.

7. O Tai Chi e o I Ching, a Teoria do Yin e do Yang, os Cinco Elementos

A primeira parte deste capítulo tentará esclarecer uma série de problemas importantes sobre a história do I Ching, sobre a Teoria dos Cinco Elementos e sobre a idéia do Yin e do Yang. A relação destes com o Tai Chi será salientada na segunda parte. Foi necessário dividir o capítulo dessa forma pelo fato de haver uma série de interpretações equivocadas entre muitos estudiosos do Tai Chi acerca dessas relações; interpretações equivocadas que, em dada época, eu também partilhei. Sendo assim, para esclarecer isso, julguei melhor dar aos leitores uma apresentação baseada nos escritos dos estudiosos e nos relatos médicos, em vez de repetir as informações confusas que é possível ler em muitos livros sobre a arte do Tai Chi. Dessa forma, os leitores chegarão à segunda parte do capítulo mais bem informados, com uma visão mais clara, por exemplo, da teoria dos Cinco Elementos, o que os ajudará a aquilatar uma vez mais muito do que talvez já tenham lido sobre o assunto. Ao escrever este capítulo, tive de pôr de lado quaisquer sentimentos de respeito que eu possa ter por diferentes escritores e mestres de Tai Chi, e tive de examinar o que eles escreveram e disseram muito separadamente da capacidade deles na arte em si.

De acordo com a tradição chinesa, os fundamentos para o livro que conhecemos como o *I Ching* ou o *Livro das Mutações** foram estabelecidos por Fu Hsi. Este é conhecido como o primeiro governante lendário da China, e as datas a ele atribuídas comumente são 2852-2738 a.C. A ele também foi dado o título de "domador de animais, inventor de redes e de armadilhas para a pesca". Se Fu Hsi existiu realmente, e se fez as coisas a que aludimos, isso não importa para o pensamento dos chineses. O que é importante é que esse ancestral tão grandioso e sábio faz parte da cultura chinesa, até mesmo atualmente, porque essa cultura nos fornece uma pista para tudo o que se seguiu. O que se seguiu é que o pensamento chinês continuou a recordar, a venerar o passado e, uma vez mais, a tentar aliar-se a ele, independentemente da conformação de ordem intelectual que tenha sido necessária para proceder assim.

Depois que Fu Hsi assentou as bases do I Ching, o silêncio reinou por cerca de mil anos. A tradição nada diz sobre esse período da história do I Ching. Durante a dinastia Shang (1766-1123 a.C.), os estudiosos apresentam duas versões diferentes do que aconteceu a ele. Alguns afirmam que o I Ching foi criado pelo Rei Wen (1184-1135 a.C.) e os estudiosos mais modernos concordam com a teoria de que nem Fu Hsi nem o rei Wen tiveram nada que ver com esse livro. Essa teoria mais tardia indica que durante a dinastia Shang houve um método de adivinhação que "consistia em esquentar uma concha ou um osso, e, depois, de acordo com as rachaduras produzidas por essa técnica, determinar a resposta para o tema da adivinhação".[1] Não será uma comparação jocosa equiparar esse método de ler o futuro ao de examinar as folhinhas do chá que sobram numa xícara. Ambos os processos apresentam um caráter aleatório, e ambos dependem do arranjo do material visível. Evidentemente, a diferença é que a adivinhação na China daquela época era um assunto muito mais sério do que a interpretação das folhas do chá atualmente. Seria um erro pensar que, devido ao fato de as pessoas darem importância aos estalidos da concha ou dos ossos, elas eram

---

* Publicado pela Editora Pensamento, São Paulo.

"primitivas", "supersticiosas" ou "retrógradas" de alguma forma, e que não eram tão capazes quanto nós. É possível ter em mente que, durante essa dinastia, as obras de arte e de artesanato associadas à religião eram feitas, e a "arte desse período... encontrou sua expressão mais desenvolvida e mais perfeita nas famosas peças de bronze das cerimônias". As pessoas da dinastia Shang "chegaram ao fim de uma complexa evolução artística, e demonstraram possuir uma cultura totalmente madura e desenvolvida". Nessas peças de bronze, vemos a imagem de um dragão, e isso nos dá uma idéia de quão antigo é o monstro mítico que foi utilizado para dar nome a algumas das posturas do Tai Chi no estilo Chen.

Durante essa época, tribos de emigrantes tibetanos e turcos se deslocaram para a que é atualmente a província Shensi, e fundaram o estado Chou. O culto aos céus, às estrelas e ao sol foi proeminente na religião dessas tribos, e talvez tenha contribuído com a visão hierárquica do universo encontrado no I Ching. Em 1122 a.C., a dinastia Chou substituiu a dinastia Shang, e durou até o ano de 249 a.C. Afirma-se que durante a dinastia Chou foram tomadas medidas para que o tradicional processo de adivinhação se tornasse mais claro. Fung Yu-lan escreve que "essas rachaduras, contudo, podiam assumir um número infinito de configurações, e, dessa forma, era difícil interpretá-las em conformidade com alguma fórmula fixa". Acreditava-se que, durante o começo da dinastia Chou, os ossos do oráculo foram postos de parte em favor de um método que utilizava os talos das plantas chamadas milefólios, conhecidos numa época posterior como talos da mil-em-rama. Um número determinado de talos era utilizado numa certa ordem, e admitia diversas combinações de modo a fazer com que uma série codificada de interpretações pudesse ser feita.

Os estudiosos acreditam que os talos do milefólio constituíram a base para as linhas do I Ching. No começo do livro estava uma coleção de sinais lineares. Havia apenas dois tipos de linha. Um era uma linha contínua e o outro uma linha de igual extensão, dividida em duas partes iguais. A princípio, as linhas foram arranjadas em grupo de três, uma linha no alto da outra, em séries diferenciadas, para dar os Oito Trigramas. A depender de que série surgia durante o processo de adivinhação, o I Ching poderia ser consultado e a opinião dada. Uma vez mais, não há informações sobre o desenvolvimento mais antigo desse método. Só nos é dado admitir que, segundo as primeiras interpretações, algumas dessas séries se tornaram as séries aceitas e tradicionais, e o restante foi posto de parte.

Aos poucos, vem à luz a imagem de um livro que se ampliou tanto em conteúdo como também em influência até que, conforme se diz, Confúcio (551-479 a.C.) manifestou o desejo de que, pudesse ele viver por mais cem anos, ele gostaria de passar cinqüenta anos estudando o I Ching. Durante a parte final da dinastia Chou, mas antes da época de Confúcio, os Oito Trigramas oficiais foram combinados em grupos de seis linhas, para dar os sessenta e quatro hexagramas juntamente com as interpretações. Um pesquisador russo de destaque na área do I Ching, Iulian K. Shchutskii, salienta a idéia de que o I Ching teve mais de um autor, chamando a atenção para o fato de que o livro é heterogêneo no seu conteúdo.[12]

Posteriormente, uma outra grande contribuição foi feita com relação ao livro, e assumiu a forma de apêndices chamados de Dez Asas. Trata-se de um aspecto importante, porque é apenas nas Dez Asas que encontramos referências ao Yin e ao Yang. Parece que a introdução da teoria do Yin e do Yang como tal na interpretação do I Ching foi um acontecimento posterior. Antes disso, a escola Yin-Yang de pensamento aparentemente existiu de modo separado; retomaremos esse ponto, junto com o Tai Chi.

Durante a dinastia Han (202 a.C. — 220 d.C.) "o conceito de Yin-Yang também foi desenvolvido pelos estudiosos dessa dinastia na interpretação que faziam do I Ching".[13] Durante esse *período,* "os dois primeiros trigramas básicos dos oito que pertencem ao I Ching, [que são] os trigramas do Céu (ch'ien) e da terra [k'un] foram equiparados ao Yang e ao Yin respectivamente, de sorte que essas duas forças metafísicas, o Céu e a terra, o masculino e o feminino, se tornaram o pai e a mãe de todos os outros trigramas e, sucessivamente, de toda a criação. Ao surgir eles próprios do Grande Ultimato (T'ai Chi), eles deram origem, por meio de sua ação mútua, a todos os fenômenos do mundo". As pessoas que acreditavam nessa tese consideravam os trigramas e os hexagramas como sendo representações em forma simbólica de todas as coisas na criação. Seria preciso ter em mente que essa tese atravessa 1.500 anos depois da suposta criação do I Ching por parte de Fu Hsi, e cerca de 1.500 anos depois do provável aparecimento do I Ching durante a dinastia Shang. A introdução do conceito do Yin-Yang na interpretação do I Ching revelava a quantos o consultassem que era perigoso ir a extremos. Afirma-se que isso orientou o pensamento dessas pessoas e também as atitudes delas com relação ao ideal de um precioso procedimento: nada de exageros.

Desde os primeiros séculos do período cristão até os nossos dias, um grande número de interpretações e de usos do I Ching foi feito. A força e a imprecisão do livro atrai, aturde, ilumina e encanta seus devotos. Devido ao fato de o conceito de Yin-Yang ser partilhado também pela religião e pela filosofia taoísta, todas as três vertentes, originariamente separadas por completo, do I Ching, do Yin-Yang e do Taoísmo, figuraram na teoria do Tai Chi. Antes de deixar de lado o I Ching por uns momentos, deveríamos ver alguns dos trigramas e dos hexagramas, junto com exemplos das interpretações deles.

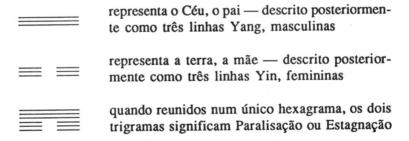

representa o Céu, o pai — descrito posteriormente como três linhas Yang, masculinas

representa a terra, a mãe — descrito posteriormente como três linhas Yin, femininas

quando reunidos num único hexagrama, os dois trigramas significam Paralisação ou Estagnação

Um hexagrama pode ser considerado de um ponto de vista como que a consistir em dois trigramas, um em cima do outro. Escreve Shchutskii: "Na teoria do *Livro das Mutações*, o trigrama inferior não raro é considerado como se referindo à vida interior, ao que está a caminho, ao que está sendo criado, e o trigrama superior diz respeito ao mundo exterior, ao que recua, ao que está desaparecendo." No hexagrama para a Paralisação retratado acima, o yang está diminuindo e o yin aumentando. Deixando de lado as interpretações tradicionais do I Ching, poderíamos considerar esse hexagrama composto de dois trigramas como uma imagem do papel desempenhado pelas mulheres na nossa sociedade, cada vez mais importante, e a função social dos homens, cada vez menor...

Por fim, a cada uma das linhas foi dado um número, que começa a partir da linha de baixo, de um a seis. Com objetivos concernentes à adivinhação, atributos diversos foram fixados para cada linha. Uma interpretação, citada por Shchutskii, é como se segue:

A Linha 6 representa a Cabeça
A Linha 5 os Ombros
A Linha 4 o Torso
A Linha 3 as Coxas
A Linha 2 as Tíbias
A Linha 1 os Pés

Se considerada num sentido totalmente literal, semelhante equação das partes do corpo com as linhas dos hexagramas poderia ser a base de uma relação entre o I Ching e um completo sistema de artes marciais; um tipo de estação de caça no I Ching. Nesse aspecto, deixemos a palavra final para Joseph Needham, que é uma autoridade com fama mundial em história e cultura chinesas:

A palavra-chave no pensamento chinês é *Ordem*, e sobretudo *Padrão*... As coisas procedem de maneiras específicas, não necessariamente pelo fato de uma ação ou de impulsos anteriores de outras coisas, mas porque a posição dessas coisas no universo cíclico em eterno movimento era tal que essas coisas foram dotadas de naturezas intrínsecas que lhes tornaram inevitável se portarem dessa forma...[14]

A imagem mutável apresentada pelos sessenta e quatro hexagramas é uma expressão ideal do que se disse acima. A posição de uma linha no hexagrama determina seu caminho ou direção; sua natureza intrínseca, contínua ou não, faz com que o seu comportamento seja inevitável, e sua relação com as outras linhas modifica-lhe tanto o sentido como a expressão da sua natureza.

O conceito de Yin-Yang foi desenvolvido pelos primeiros estudiosos da cosmologia chinesa. O pensamento deles originou o Yin-Yang Chia, ou escola Yin-Yang. A palavra Yin designava originariamente o lado escuro de uma colina ou de uma montanha não tocado pelo sol, e a palavra Yang dizia respeito à parte iluminada pelo sol. Não se sabe em que época essas palavras foram utilizadas com relação às explanações que fizeram os chineses acerca da origem e do desenvolvimento do universo. De acordo com a classificação das escolas chinesas feita por Su-ma T'an no segundo século a.C., o Yin-Yang Chia se separou do Tao-Te Chia ou Escola do Caminho e do seu Poder, que foi a primeira escola de filosofia taoísta. Durante a dinastia Han, antes da era cristã, o conceito de Yin-Yang atraiu muito a atenção. As pessoas que utilizavam o I Ching com propósitos de adivinhação encontraram nas duas palavras certa inspiração renovada. Richard Wilhelm escreveu:

> Pela transferência, os dois conceitos foram aplicados aos lados iluminado e escuro de uma montanha ou do rio... Daí as duas expressões terem sido transportadas para o *Livro das Mutações* e aplicadas aos dois estados do ser alternantes e primaciais... os termos Yin e Yang não ocorrem no sentido derivado, nem no texto real do livro, nem nos comentários mais antigos.[15]

O sentido das duas palavras a pouco e pouco se ampliou, passando do de forças criativas primaciais para significar coisas tais como: [Yin] "frio, repouso, receptividade, passividade, escuridão, interioridade, movimento para baixo, espiritualidade e decréscimo", e [Yang] "calor, estímulo, movimento, atividade, excitação, vigor,

luz, exterioridade, movimento para cima, extroversão e aumento".
(Ver *Chinese Medicine — The Web that has no Weaver*, Ted Kaptchuk.[16] O conceito do Yin-Yang e o I Ching exerceram uma ação recíproca na interpretação de um e de outro.

Para fazer uma afirmação evidente, já que fazemos distinção entre as coisas observando-lhes as diferenças, e visto que igualamos as coisas observando-lhes as semelhanças, o conceito de Yin e Yang pode ser um instrumento espantosamente útil para analisar muitos tipos de atividade. Como ressalta Ted Kaptchuk, as duas palavras podem gerar equívocos, a não ser que a pessoa se lembre de que elas não descrevem estados fixos. Ambas estão em constante mudança devido à ação de uma sobre a outra, ou, de preferência, porque a atividade de uma evoca a atividade da outra. Para os taoístas, o apelo de semelhante conceito foi intensificado pelo fato de que o Taoísmo não tem nenhuma idéia explícita de um Criador. Seu interesse está, como salientou Joseph Needham, na ordem e nos modelos dos acontecimentos. No título do livro de Kaptchuk, temos um exemplo pitoresco disso: uma teia sem um tecelão. O universo pode ser considerado como uma ação recíproca entre Yin e Yang. Essa divisão prossegue infinitamente.

O conceito tem uma base empírica na tradicional medicina chinesa, ciência em que ele foi posto à prova durante séculos. A febre alta representa uma condição Yang, e o estado em que ocorre o arrepio de frio uma condição Yin. Quando um paciente está com febre alta, "ele está em vias de passar, de repente, a sentir frio".[16] Esse detalhe da ciência ecoa a antiga afirmação da filosofia de que, quando o Yang alcança certo estágio de expansão, ele não pode ir adiante, e o processo começa a voltar para o Yin. Os órgãos do corpo são classificados segundo duas divisões, e são tratados conforme essas divisões.

Yin	Yang
Coração	Intestino delgado
Pulmões	Intestino grosso
Pericárdio	Estômago

Baço   Vesícula biliar
Fígado   Vesícula
Rins   Tríplice Aquecedor (não um órgão em si, mas uma relação entre os órgãos)

O mais famoso tratado médico da China é o *Nei Ching Su Wen*, conhecido em língua inglesa como *The Yellow Emperor's Book of Internal Medicine* [*O Livro da Medicina Interior do Imperador Amarelo*]. Incerta é a data da sua composição, e a própria existência do Imperador Amarelo, Huang Ti, é duvidosa. O livro é mencionado pela primeira vez nos Anais da Antiga Dinastia Han (206 a.C. — 25 d.C.). Uma excelente referência em inglês é o *The Yellow Emperor's Book of Internal Medicine*.[17] Nesse livro, figuram o conceito de Yin-Yang, a Teoria dos Cinco Elementos e o conceito do Chi. Pelo que sei, não há menção quanto ao I Ching. O leitor é aconselhado a ler esse livro caso deseje ter uma idéia do modo como essas idéias são arranjadas na forma de diagnóstico, de tratamento e prevenção da doença, e, a um só tempo, ao leitor é dado apreciar a maneira harmoniosa com que isso é feito.

O diagrama utilizado pelos chineses para exprimir o conceito de Yin-Yang no lugar do Princípio Supremo é mostrado abaixo. Trata-se do diagrama dos "Dois Peixes", um branco e um preto, com os "olhos" de cor oposta. O preto representa o Yin, e o branco o Yang. Os olhos indicam que no mundo dos fenômenos nenhum dos

dois aspectos existe na sua forma pura, mas sempre traz em si algo do seu oposto. Wilhelm escreveu que o diagrama do Princípio Supremo apresentava cogitações sobre um "caráter gnóstico-dualista [que] é estranho ao I Ching; o que esse diagrama postula é tãosomente a viga mestra do telhado, a linha".[15] Foi o pincel de Chou Tun-yi, o primeiro "filósofo da cosmologia" (1017-1073) que pela primeira vez deu ao diagrama o nome de T'ai-Chi T'u ou o Diagrama do Princípio Supremo: "O Princípio Supremo através do movimento produz o Yang. Ao alcançar o seu limite, esse movimento é seguido pelo Repouso, e, por via desse Repouso, gera o Yin." Fung Yu-lan lembra que

> muito antes dessa época, alguns dos taoístas religiosos (não os filósofos) prepararam um grande número de diagramas místicos na forma de retratos pitorescos pelos quais eles acreditavam que uma pessoa com uma iniciação adequada poderia se tornar imortal. Diz-se que Chou Tun-yi conseguiu a posse de um desses diagramas, e, em conseqüência disso, ele o interpretou novamente e o modificou fazendo o próprio diagrama, que visava a exemplificação do processo da evolução cósmica.[1]

Aquilo que muitos estudantes ocidentais do Tai Chi nos dias de hoje acreditam ter herdado como um sistema complexo, cujos símbolos e idéias mais memoráveis e proeminentes aparentemente complementam e explicam uns aos outros, derivou originariamente de diversas fontes, em diferentes épocas e lugares. Pessoalmente, considero importante esse aspecto e digno de nota. Isso se dá porque, quando ouvimos falar de uma idéia, de um símbolo ou de um conceito, e quando o aceitamos, a importância e o conhecimento que essas coisas trazem em si são difíceis de avaliar, a menos que lhes conheçamos algo da história, ou que tenhamos a perspicácia de pesquisá-la. Isso é particularmente verdadeiro para nós, ocidentais, que não somos autoridades em matéria de pensamento chinês, quando nos vemos às voltas com a assim chamada filosofia do Tai Chi. Podemos dar igual importância a toda idéia que chega até nós, sem que possamos estimá-la corretamente. Isso se aplica em especial ao nosso terceiro tema, qual seja o da Teoria dos Cinco Elementos.

A palavra chinesa Hsing significa atuar ou fazer. A palavra Wu designa cinco, e, dessa forma, Wu Hsing significa as Cinco Atividades, as Cinco Coisas que Estão Sendo Feitas. A expressão é encontrada no *Livro da História, Shou Ching,* compilado por Confúcio. Embora tendo recebido tradicionalmente uma data ou origem de cerca de dois mil anos antes de Cristo por homens que queriam conferir a responsabilidade da antigüidade à obra, os estudos modernos localizam a teoria do Wu Hsing em alguma época entre o terceiro e o quarto séculos a.C. O ponto fundamental sobre essa teoria é o número Cinco. Nos escritos mais antigos, encontramos referências às Cinco Funções, e às Cinco Indicações, posteriormente divididas em Cinco Indicações Favoráveis e Cinco Desfavoráveis. Por que o número Cinco foi considerado tão importante eu não fui capaz de descobrir; por que não o três, ou o sete?

Fung Yu-lan diz que, nos estágios iniciais, a teoria do Wu Hsing ainda estava "por amadurecer". Quando o autor escreveu sobre esses estágios, ele ainda estava "pensando em termos de substâncias reais, água, fogo, etc., em vez de em forças abstratas trazendo esses nomes, assim como o Wu Hsing veio a ser posteriormente considerado".[1] O Wu Hsing foi desenvolvido pela Yin-Yang Chia no pensamento sobre "a mútua influência entre a natureza e o homem", e representa uma tentativa simplesmente científica de explicar a atividade do universo. Foi uma fase posterior da Yin-Yang Chia que afirmou que a ação recíproca do Yin e do Yang dá origem às Cinco Atividades.

Na maioria das traduções inglesas da expressão Wu Hsing, a palavra "elemento" foi escolhida em lugar de "atividade". Isso talvez tenha sido pelo fato de termos a idéia dos Quatro Elementos na nossa própria cultura. Essa tradução "fácil" levou a uma série de equívocos porque a noção que temos de um elemento, que aprendemos ainda na escola, a de uma substância que, até o advento da fissão atômica, não poderia ser dividida em partes menores. Essa é a própria antítese do uso posterior do Wu Hsing, tanto na sua aplicabilidade filosófica como também na medicinal. As Cinco Atividades da Água, do Fogo, da Madeira, do Metal, do Solo (Terra) são *processos*, no movimento, e eles agem reciprocamente. Por exemplo, a Água apaga o Fogo, o Fogo queima a Madeira, e assim por diante.

À parte essa relação literal, qualquer atividade que possa ser equiparada à Água, ou colocada na mesma categoria dela, tende a superar qualquer tipo ígneo de atividade. Isso é importante quando procuramos compreender tudo o que se diz neste capítulo, porque, como ressalta Ted Kaptchuk, "a tradução errônea dos Cinco Elementos, que é comum... exemplifica os problemas que surgem quando olhamos para as coisas da China com um padrão de referência ocidental".[16] No Ocidente, temos a tendência de procurar a causa e o efeito; a ação número um produz o resultado número dois. As Cinco Atividades não são a causa de um acontecimento; de preferência, elas criam um padrão em que algo acontece. Faz parte da sua natureza ser e agir do modo como são. É preciso refletir sobre isso repetidas vezes, tanto quanto é do meu conhecimento, antes que a idéia cale fundo no espírito.

Quando o número Cinco é aplicado a certo fenômeno, ele se adapta a ele de modo adequado como, por exemplo, no caso das quatro estações. Há quatro estações, e o equilíbrio entre elas as completa até formar o cinco. A Madeira representa o estado de coisas em crescimento, portanto, a Primavera, o Fogo, o estado das coisas que alcançaram uma fase máxima, ou seja, o Verão; o Metal uma condição de declínio, o Outono; e a Água, um estado de repouso, o Inverno. A Terra ou Equilíbrio é o equilíbrio natural entre os quatro, o lugar em que eles se confundem mas não invadem um ao outro.

A tendência de preservar e glorificar o passado, independentemente de que aspecto dele, levou os proponentes do Wu Hsing a problemas que uma vez mais podem ser exemplificados pela medicina. Abaixo, o leitor encontrará uma tabela que mostra a relação dada na medicina ao Yin e ao Yang, o Wu Hsing e os órgãos do corpo.

	Madeira	Fogo	Terra	Metal	Água
Órgão Yin	Fígado	Coração	Baço	Pulmões	Rins
Órgão Yang	Vesícula biliar	Intestino delgado	Estômago	Intestino grosso	Vesícula

As relações tradicionais entre as Cinco Atividades e os órgãos, e as atividades entre os órgãos e o conceito do Yin-Yang por vezes entraram em divergência umas com as outras. A interpretação das Cinco Atividades poderia afirmar que o "fígado dá acesso aos olhos", e o Yin-Yang que o "chi de todos os órgãos se reflete nos olhos".[16] Kaptchuk continua a afirmar que a teoria das "Cinco Fases [Atividades] enfatiza a correspondência linear, ao passo que a teoria do Yin-Yang destaca a necessidade de compreender a configuração total de que depende a parte... As Cinco Fases se tornaram um sistema rígido... a teoria do Yin-Yang... com a sua ênfase na visão taoísta da importância do todo levou em conta uma grande variedade de flexibilidade". Uma interessante observação à margem desse assunto, no que tange aos estudantes do Tai Chi, é que nem Lao-tsu nem Chuang-tsu se referem às Cinco Atividades, Fases ou Elementos, mas eles se referem de fato à teoria do Yin-Yang. Isso é significativo, de vez que as fontes das citações feitas por esses dois sábios são por vezes mencionadas pelos escritores e pelos mestres na arte do Tai Chi.

Essa falta de flexibilidade da teoria das Cinco Atividades gerou muita "falsificação" por parte dos praticantes da medicina que decidiram fazer com que a teoria funcionasse em qualquer caso. A partir do momento em que a teoria foi registrada, ela passou a ser criticada.

Na dinastia Han, escreveu um satirista: "O cavalo se relaciona com o símbolo wu (Fogo); o rato com o símbolo tsai [Água]; se a Água realmente controla o Fogo, [seria mais convincente se] os ratos normalmente atacassem os cavalos e os repelissem para longe."

Chegamos aqui ao eixo de toda a crítica dos Cinco Elementos, sobretudo com relação ao nosso interesse principal, que são as interpretações que lhes foram dadas pelos teóricos das artes marciais. Kaptchuk expõe o ponto de vista de que as Cinco Atividades se "arraigaram" no pensamento da medicina chinesa porque as pesquisas "chinesas tendem a levar apenas a um ponto e, depois disso, prosseguem com deduções que se baseiam nos clássicos... A maioria dos críticos chineses modernos descreve a Teoria das Cinco Fases como uma rígida camada metafísica sobre as observações práticas e flexíveis da medicina chinesa".[16] Isso se reflete na atitude adotada pelos teóricos das artes marciais.

O nome original do Hsing-I Ch'uan bem poderia ter sido Boxe das Cinco Atividades, porquanto seus movimentos básicos consistem em cinco técnicas. O Pa-kua recebeu o seu nome a partir dos Oito Trigramas, e o Tai Chi a partir do diagrama do princípio Supremo. A teoria do Tai Chi também se ocupa dos Oito Trigramas e os relaciona a oito movimentos ou portões, e subdividiu esses movimentos em quatro sentidos e em quatro regiões.

☰	Aparar	Céu	Sul
☷	Pressionar para trás	Terra	Norte
☵	Pressionar	Água	Oeste
☲	Repelir	Fogo	Leste
☱	Golpe com o cotovelo	Lago	Sudeste
☳	Fender	Trovão	Nordeste
☴	Puxar	Vento	Sudoeste
☶	Golpe com o ombro	Montanha	Noroeste

A relação desses movimentos com os sentidos e com as regiões não faz sentido do ponto de vista da lógica. Os primeiros quatro movimentos na lista dos oito são todos realizados mais ou menos na mesma direção nas formas. Os oito movimentos não apresentam nenhuma relação lógica com o sentido dos trigramas nem dos fenômenos a eles associados. Duas exceções são a Postura do Aparar e do Pressionar para Trás, o Céu [Firmamento] e a Terra. Aqui, as três linhas Yang denotam uma forte ação que se relaciona com o Aparar, e as três linhas interrompidas do trigrama do Pressionar para Baixo, a Terra, denotam a ação de recuar. Foram feitas tentativas para justificar os seis movimentos restantes com os significados dos trigramas, mas essas tentativas são muito frágeis. Por exemplo, tem-se afirmado que o movimento do Pressionar é como a água, porque ela aos poucos desgasta a pedra mais rígida à força dos seus pingos. O movimento do Repelir, o Fogo, foi descrito como um movimento muito agressivo, assim como o fogo que medra a devastar uma floresta. Entretanto, quer queira quer não, é possível fazer essas duas afirmações sobre ambas as coisas, com o tipo de argumento associativo utilizado pelos estudantes nas interpretações que eles fazem de obras literárias.

Outros escritores e mestres levaram esse processo ainda mais longe, e tentaram relacionar o Tai Chi com os hexagramas. Se o processo de estabelecer uma relação dos movimentos com os trigramas foi de caráter subjetivo e imaginário, o de os relacionar com o hexagrama é ainda mais subjetivo e fantasioso. Depois de um longo período, um estudante do Tai Chi é capaz de desenvolver a própria afinidade pessoal com o I Ching e relacionar seus hexagramas com pensamentos e sentimentos, sonhos e sensações, mas, do meu ponto de vista, isso não constitui uma relação real e objetiva.

Duas versões de uma interpretação de um dos hexagramas se seguem. Ambas serão consideradas válidas. O processo pode ser comparado com uma mulher que sai em busca de alguém que lê a sorte. A pessoa que lê a sorte afirma que a mulher irá receber notícias que lhe trarão satisfação, porém que, a princípio, ela pode não reconhecer essas notícias como algo bom; que ela deve ficar alerta também à sua situação financeira, porque, caso ela não fique alerta, ela pode ter dificuldades; ele afirma também que existe um homem que ela conhece e que pensa muito nela, porém, algo no caráter dela o impede de revelar o seu sentimento... Essas generalidades são tão comuns que supostamente apresentariam igual validade para qualquer pessoa normal, homem ou mulher. Elas podem ser interpretadas em dezenas de formas, todas igualmente possíveis. Não representam absolutamente uma leitura do futuro. De modo semelhante, os sentidos generalizados do I Ching não podem ser aplicados a movimentos específicos de modo exclusivo e em qualquer forma que me satisfaça, e eu comecei como alguém inteiramente feliz por ser uma pessoa que acreditava nisso. O fato de que um venerável, hábil e respeitado cavaleiro do Tai Chi diz que algo no I Ching está relacionado com um movimento específico não me convence. Trata-se do caso do "cão que ladra para a sombra enquanto os demais cães ladram pelo som do seu latido".

Os hexagramas são abordados nas adivinhações dividindo-se as seis linhas em dois trigramas. Essa é a divisão principal e mais evidente. As linhas 4, 5, 6 constituem o trigrama superior, e as linhas 1, 2, 3 o inferior. No hexagrama, há dois trigramas que são chamados de trigramas nucleares; a palavra nuclear provavelmente foi escolhida porque eles se acham no interior, assim como um núcleo. Os trigramas nucleares são considerados a partir das linhas 2, 3, 4, 5 e se acham imbricados. As linhas 2, 3 e 4 constituem o trigrama inferior, e as linhas 3, 4 e 5 o superior. Isso quer dizer que as linhas 3 e 4 são comuns a ambos, embora apresentem lugares diferentes em cada qual.

Tendo esclarecido por si mesmo o tipo de trigrama de acordo com o método acima mencionado, o primeiro passo é voltar os olhos para o que se chama Tempo. A categoria do Tempo confere o sentido total do hexagrama: ele revela o aumento ou o decréscimo, ajuda num processo ou promove o conflito, prevê a duração desse processo, e assim por diante. A categoria seguinte é chamada de Espaço. Este consiste em examinar cada linha, em registrar a sua posição e o seu significado no que concerne às outras linhas. Outras considerações há, mas esta basta para mostrar que a interpretação de um hexagrama é um tema complexo. De acordo com Wilhelm, "Já que o período Han... um mistério cada vez maior, e um *hocus-*

pocus cada vez maior têm se associado ao livro". Embora eu possa ser condenado ao inferno por afirmar isso, acho que as tentativas de relacionar os hexagramas aos movimentos do Tai Chi tocam as raias do "*hocus-pocus*"...

As Interpretações

1. Se colocamos o hexagrama Ch'ien em frente de uma pessoa realizando o movimento do Tai Chi do Aparar à Esquerda e do Aparar à Direita de modo que ele se dê uniformemente, a quinta linha fica alinhada com o maxilar. Quando a mão esquerda se ergue no Aparar à Esquerda, ela alcança o nível do maxilar, a quinta linha. A existência de seis linhas contínuas nesse hexagrama evoca uma imagem relacionada com a força e com o despertar, na verdade, a imagem dos dragões arrebatadores mencionados na interpretação dessa imagem no I Ching. A interpretação da segunda linha alude a um "dragão que aparece no campo". Este pode representar o abdômen. Se, no movimento seguinte, o do Aparar à Direita, a mão erguida se afasta muito, acima do queixo ou da quinta linha, e alcança a sexta linha, então, de acordo com o I Ching, um "dragão impetuoso terá motivos para se arrepender", significando que o movimento parecerá desgracioso e canhestro.

Essa interpretação tem como base a posição das linhas e a posição das mãos nos movimentos em questão. No caso da quinta linha, a posição da mão que se ergue até o maxilar é considerada em termos de espaço, e o caso da segunda linha é considerado de um ponto de vista totalmente diferente, porque a segunda linha não está no nível do abdômen, porém muito abaixo. A idéia do "campo" é encontrada em algumas traduções como o Tan T'ien, um ponto logo abaixo do umbigo, que é traduzido em inglês como "campo cinábrio". Ele pode também significar a terra.

2. Novamente tomemos como exemplo a interpretação que o I Ching faz da primeira linha, que é "o dragão oculto, não aja", e suponhamos que isso significa que a parte de baixo das pernas e os pés

estão repletos de um poder oculto, e que estão prontos para se deslocar no momento certo. A segunda linha, "o dragão aparecendo no campo", quer dizer que o poder oculto se projeta em todo o corpo, ou poderíamos dizer que se projeta no Tan T'ien, o campo cinábrio, assim como as forças celestiais que surgem na terra [campo]. A mão esquerda se levanta como um dragão no céu e a mão direita se posiciona com vistas à terra. Isso significa que, embora a energia ascenda, ela também está enraizada. É preciso estar atento no sentido de erguer a mão esquerda bem alto, até a sexta linha, pois esta é o local do "dragão impetuoso" e um dragão impetuoso parte para o ataque. A sexta linha, por ser uma linha Yang no final de uma série de cinco linhas Yang, significa que a atividade alcançou o seu ponto máximo, e que a única possibilidade agora é recuar, voltar para o Yin.

Sem necessitar de muita imaginação ou criatividade, mas com o vocabulário correto, qualquer pessoa é capaz de passar pelos sessenta e quatro hexagramas e de elaborar interpretações muito plausíveis para todos eles. Tomando apenas as treze posturas básicas e os sessenta e quatro hexagramas, conseguiremos, no mínimo, o total de oitocentos e trinta e dois hexagramas. Se uma pessoa, então, começasse a unir dois, três ou quatro hexagramas, o número poderia chegar a proporções astronômicas. No melhor dos casos, parece que o I Ching é um estímulo ao pensamento e à reflexão sobre o movimento possível inerente ao Tai Chi; porém, interpretações imediatas e definitivas são altamente questionáveis.

É na aplicação da teoria do Yin-Yang que o Tai Chi encontra o seu apoio filosófico mais proveitoso. Como vimos no capítulo sobre as posturas, podemos conferir a cada postura-movimento um rótulo predominantemente Yin ou Yang. Avançar ou recuar, transferir o peso de uma perna para a outra, fazendo com que em só uma perna se concentre o peso, tudo isso pode ser visto do ponto de vista do Yin-Yang. Entretanto, isso é apenas uma análise superficial e evidente. Por exemplo, no movimento do Pressionar para Trás, o estudante A pressiona o estudante B. Ao fazer o movimento do Pressionar para Trás, B descansa a parte de dentro do seu antebraço direito na parte de fora do braço esquerdo de A, que exerce a pressão. B retrocede, um movimento Yin, e desvia o movimento do pressionar. Embora B se afaste e recue, podendo ser colocado na categoria do Yin, ele também realiza um ato de desviar um golpe, usando, desse modo, um pouco de força Yang. Contudo, como a força Yang do ato de desviar um golpe também faz uso da força Yin de todo o corpo que recua, ela traz em si, obviamente, a própria força Yang. Ademais, devido ao fato de o estudante B, por assim dizer, não realizar um vôo para trás ou uma queda para trás, assim como uma pedra no vácuo, podemos dizer que toda a atitude do seu corpo que recua recebe o apoio de uma força Yang na forma de um breque, modificando o principal movimento Yin.

Analisando atentamente, e até mesmo excessivamente, o sentido e os movimentos do corpo do estudante B, descobrimos todo um complexo de forças Yin e Yang de vários graus, todas essas forças combinadas no Yin do movimento do Pressionar para Trás do estudante. A fim de que essa análise seja válida, os próprios movimentos devem ser realizados corretamente, num estado de relaxamento, e com cada músculo a produzir justamente a quantidade de energia necessária. Por exemplo, se os ombros e os braços se acham tensos, e não há firmeza nas pernas, a análise que se poderia fazer para o movimento ideal não seria mais válida.

Depois de seguir os passos de muitos outros estudantes do Wu Hsing, as Cinco Atividades, os estudantes do Tai Chi não tardaram a encontrar relações. Anteriormente, vimos a questão das dificuldades que surgiram quando isso foi feito na área da medicina, e descobrimos o mesmo fenômeno no Tai Chi. Uma tese que foi proposta é a de que existe uma relação com os cinco principais órgãos do corpo e com os cinco passos fundamentais da arte: o passo para a frente, o recuar, o olhar para a esquerda, o olhar para a direita e o equilíbrio. Diz-se que à medida que cada passo é dado, o estudante beneficia um órgão específico. Dificilmente parece necessário dizer que esse tipo de afirmação não pode ser levado a sério. Criticá-la posteriormente seria como bater num adversário em estado de inconsciência.

Esforços semelhantes foram feitos alternando as próprias Cinco Atividades num círculo e relacionando-as com os cinco passos: a água apaga o fogo. Cinco palavras foram escolhidas, e a elas foi dado o nome de Os Segredos das Cinco Palavras. Isso demonstra, definitivamente, a adoção de uma idéia reverenciada no passado, e o adaptar as coisas a ela, não importa a que preço. Como no caso do I Ching, argumentos infindáveis podem ser propostos no sentido de relacionar o número cinco com o Tai Chi. Mas o mesmo se pode fazer com o número três, o quatro, o seis, o sete, o oito e o nove. A idéia das Cinco Atividades pode ser um estímulo e uma base intelectual para que o principiante comece a examinar seus movimentos. Tentar fixar-se nessa idéia não passa de um erro.

Os três temas deste capítulo fornecem uma abordagem sobre que escreveram de um modo positivo Joseph Needham e Ted Kaptchuk, Richard Wilhelm e Iulian Shchutskii. Eles transmitem uma idéia de ordem e de padrão a uma arte que de início é uma arte difícil para os ocidentais. É com respeito a isso que eles podem ser mais úteis. Quando se tenta relacionar pormenorizadamente o I Ching e as Cinco Atividades com o Tai Chi, os detalhes não constituem uma ajuda, mas uma pedra no caminho.

8. A Poesia do Tai Chi

"A Poesia no Movimento" é o nome de uma canção que um dia foi popular no Ocidente. Um ditado aplicado ao artista das artes marciais internas da China é "Guarda Semelhança com uma Mulher, Luta como um Tigre". Treinar nas formas *solo* certamente é poesia no movimento e, igualmente, algo feminino exteriormente, trazendo, contudo, a força semelhante à força do tigre no interior. Quando um estudante é capaz de realizar uma das formas de modo satisfatório, ele passa por estados de espírito que podem ser mais bem descritos como poéticos, e eles estão próximos da experiência religiosa. Então, a análise e a comparação com sistemas filosóficos tornam-se desnecessários; tão desnecessários quanto analisar a partitura de uma obra musical de Mozart.

Há um grande número de poemas clássicos do Tai Chi que louvam a arte e que fazem com que os estudantes recordem o seu sentido fundamental, mas a principal obra à parte esses poemas específicos do Tai Chi a que se refere em relação com a arte é o *Tao Te King*.* Esse livro, um exemplo genuíno do sentido de Fung Yu-lan da palavra "sugestivo", inspirou milhões de pessoas de muitas

---

* Publicado pela Editora Pensamento, São Paulo, 4ª edição, 1993.

formas. Cheng Man-ch'ing fez palestras aos seus discípulos sobre o livro, e deu-lhes o seguinte conselho: "Se a impressão e o sentido entram em choque, fique contente por deixar o juízo em suspenso."[18] Isso poderia ser considerado como uma advertência ao intelecto quando a pessoa lê o *Tao Te King*, e também quando são realizadas as formas do Tai Chi. Quando lhe é dado realizar uma forma, tire proveito dela, sinta-a como parte da sua vida.

Um dos versos notáveis do *Tao Te King* começa assim: "Não há nada neste mundo mais suave do que a água, mais flexível do que ela; no entanto, em todo o mundo não existe algo que se iguale à água no sobrepujar as coisas que são pertinazes e fortes." Esse tema se repete num verso posterior que diz: "Quando um homem nasce, ele é suave e flexível; mas quando ele morre, ele é rígido e duro..." Aquilo que é rígido e duro pertence à morte, mas o suave e flexível pertencem à vida. O *Tao Te King* nos indaga se podemos nos tornar suaves e flexíveis, assim como uma criança, respirando como uma criança, sendo invadidos pelo ar, mas sem "deter" a mente na respiração. Essas palavras iluminadoras podem ajudar a despertar num estudante um tipo de sentimento "adequado" acerca do que ele está fazendo. O movimento das formas Yang é contínuo, mas não deveria tornar-se duro pelo esforço em ser contínuo. Os estudantes tentam encontrar um novo ritmo em que a continuidade não seja um gesto de tensão, e em que a respiração entre em harmonia com o ritmo. Os músculos e as articulações do corpo reagem a isso e se beneficiam disso. Por uns momentos, é como se alguém se tornasse um ser humano.

Do começo ao fim desse livro, há um tipo de espírito não passível de ser definido. Alguma coisa que, assim como o movimento contínuo, perde a sua qualidade essencial tão logo a pessoa tenta fixá-la: "O Tao segue as leis da própria natureza." Tentar fixá-la, defini-la, é tentar mudar-lhe a natureza. Isso pode ser visto quando realizamos as formas do Tai Chi. Mas eu já escrevi demais sobre isso...

Entre os clássicos do Tai Chi, encontra-se a anônima "Canção das Treze Posturas":

Atente para as Treze Posturas; não as esqueça.
Quando quiser se mover, comece o movimento com a cintura.
Seja sensível às mudanças: a mais ligeira alteração do pleno
 até o vazio.
Assim, você permite que o Chi circule como uma corrente pelo
 corpo, sem cessar.

No abraço da quietude, jaz, invisível, o movimento;
No movimento oculta-se a quietude.
Portanto, procure essa quietude no movimento.
Se você descobrir algum acesso a ela, você descobrirá novas
 coisas ao enfrentar o oponente.

Deixe todo movimento se encher de consciência e significado.
Se você é capaz disso, o esforço do não-esforço surgirá.
Não deixe que a atenção se volte para a cintura.
Quando o abdômen está isento, o Chi vem à luz.
Quando as vértebras da parte inferior estão eretas, o Espírito
 ascenderá ao topo da cabeça.

O corpo todo deverá ser flexível e suave,
A cabeça suspensa como que puxada para o alto por um fio.
Permaneça alerta, em busca do significado do próprio Tai Chi.
Quer o corpo se curve ou se estire, quer se abra ou se feche,
Que o meio natural seja o seu caminho.
No começo, os estudantes ouvem as palavras do seu mestre,
Mas com zelo e empenho aprendem a se aplicar,
E a perícia se desenvolve por si própria.
Quem me haverá de dizer qual é o princípio supremo do
 Tai Chi?

A mente desperta vem primeiro, o corpo depois.
Quem me há de dizer qual é o sentido, qual a filosofia do
 Tai Chi?
Eterna jovialidade, vida longa e saudável,

Eterna primavera.
Cada palavra desse canto tem valor e importância para você;
Se você não lhe dá ouvidos, e prossegue, você decerto
  vai suspirar pela sua vida.

Um outro poema menor, de caráter instrutivo, sintetiza os movimentos da Pressão das Mãos. Trata-se também de um poema de autor anônimo, e ele é simplesmente chamado de "A Canção da Pressão das Mãos":

Quando você utiliza os movimentos do Aparar,
Do Pressionar para Baixo, do Pressionar e do Repelir,
Sempre deixe que eles fiquem repletos de sentido.
Quando você se move, lembre-se que toda parte do corpo
  recebe ajuda de outra parte.
Se você se move assim, não haverá brecha
Em que o adversário possa penetrar.
Se o adversário usasse até mesmo a força
De mil golpes desferidos contra você,
Você poderia se desviar dela com a força de quatro onças.
Atraia o oponente para dentro de você; deixe que ele perca o
  próprio equilíbrio.
Combine o recuar e o investir num mesmo momento.

O famoso Wang Tsung-yueh de quem nos ocupamos no capítulo sobre história escreveu um relato idealista da mestria do Tai Chi que é, em certo sentido, poético. Esse relato pode ser chamado de poético porque os estágios que ele descreve jamais podem ser alcançados por um ser humano; é como celebrar a perfeição na arte. Diz ele:

Na mais leve pressão de um oponente, recue, e tão logo ele comece a recuar, agarre-o... Oponha-se à velocidade dos movimentos do adversário, movendo-se depressa quando ele for depressa, e devagar quando ele for devagar. Independentemente do que possa ser, as técnicas são regidas pelo mesmo princípio... Treine com afinco e, dessa forma, siga até a energia intrínseca e assim até a iluminação... Talento, intuição e coisas dessa sorte não bastam sem duradouro e pertinaz esforço. A mente deverá estar lúcida e sem pensamentos, e o Chi recolhido ao Tan T'ien, com o corpo em posição ereta, relaxado. Toda mudança no seu equilíbrio não deverá ser percebida pelo seu adversário... Se você for puxado para a esquerda, esse lado estará vazio; se for puxado para a direita, nada haverá ali. Para onde quer que o oponente puxe você, ele só encontrará o vazio. À medida que ele avança, ele perceberá que tem léguas adiante; quando ele retroceder, ele haverá de se sentir cercado. Se uma pena caísse no seu corpo, você seria tão sensível que seria capaz de senti-la. Se uma mosca pousasse sobre você, você seria posto em movimento.

Esse é o modelo do treinamento do Tai Chi, que faz as pessoas ficarem boquiabertas com a sua perícia temível e intocável; trata-se de uma inspiração, quando não de uma possibilidade. Wu Yu-seong, que passou do estilo Yang para o estilo Chen do Tai Chi, também escreveu sobre essa arte, valendo-se de palavras um pouco parecidas com as de Wang Tsung-yueh, mas também falando sobre as energias interiores da arte. Ele demonstra semelhanças surpreendentes.

Deixe que o seu espírito capture um rato como um gato.
Deixe que os seus modos sejam como o gavião lançando-se
   sobre um coelho.
Que a sua quietude seja a quietude da montanha.
Seu movimento, o movimento de um rio.
Reunindo-se, o seu Chi será como curvar um arco.
Liberar o seu Chi será como lançar a seta.
Sua mente será o comandante; seu Chi, o estandarte;
   sua cintura, o mastro do estandarte.
Quando o Ching se mover, será como enrolar um fio de seda.

Outros escritores tentaram apreender o espírito do Tai Chi por meio de palavras, porém é a essas obras antigas que os estudantes têm-se voltado repetidas vezes à procura de orientação e movidos pelo amor do Princípio Supremo.

9. Medicamentos e Alimentação à Base de Ervas

É uma tradição nos círculos de artes marciais chinesas que um instrutor periódico em geral se ocupe de aspectos relacionados com a cura em certa medida, de modo que ele possa ajudar seus alunos no caso de eles se machucarem durante o treinamento. No que concerne ao Combate no Tai Chi, ferimentos podem ocorrer, mas isso é coisa rara, exceto no caso das competições modernas a que nos referimos antes.

Onde quer que as comunidades chinesas tenham se estabelecido, certo é que uma loja de ervas mais cedo ou mais tarde também venha se estabelecer entre essas comunidades. Todas essas lojas desprendem fragrâncias maravilhosas que se evolam pela porta até a rua. Fileiras e fileiras de caixas abarrotam as prateleiras, caixas cuidadosamente rotuladas, ou sem nada escrito nelas. No balcão, encontram-se folhas de papel limpas empilhadas caprichosamente ao lado de uma balança. Do lado de fora de um dos principais centros de ervas em Londres, sempre se vê uma fila que se forma pouco antes da hora de abrir. Os fregueses entram na fila, os assistentes apanham as caixas, o conteúdo delas vai sendo retirado numa colher de acordo com o pedido, e embrulhado no papel.

Por fim, o conteúdo de cada pacote recebe uma inscrição em chinês do lado de fora da caixa. Imagino que essa cena se repita em todo o mundo, porque os chineses amam os remédios à base de ervas. Estes datam de uma época anterior à acupuntura, diversos séculos antes dela.

Alguns mestres do Tai Chi e de outras artes marciais têm uma segunda ocupação como curandeiros. Por vezes, existe um cômodo ao lado do salão de treinamento, e os membros do público são recebidos e tratados ali.

Um dos acidentes mais comuns é, evidentemente, a contusão. Há uma expressão comum para o remédio aplicado a esse caso — "o vinho", assim chamado porque o vinho de arroz de boa qualidade é utilizado como base para esse remédio. Bebe-se um pouco do "vinho" para curar ferimentos internos e para diminuir a inchação; aplica-se um pouco do "vinho" na própria contusão e, em alguns casos, bebe-se o vinho e também ele é aplicado.

A erva oriental mais conhecida é, obviamente, o ginseng, ou *Panax Schinseng*, que pertence à família das *Araliaceae*. Embora ela não seja utilizada para nenhum dos danos físicos causados pelas artes marciais, essa erva ocupa um lugar de destaque na lista chinesa das ervas geralmente utilizadas, e ela tem atraído muito a atenção do Ocidente. Trata-se de uma erva perene, e ela é vendida a um preço comparativamente alto. A despeito do fato de muitas pessoas chegarem a jurar, os testes científicos envolvendo a ingestão de ginseng nos Estados Unidos não conseguiram quaisquer resultados especiais; mas os especialistas em ervas chineses continuam a insistir em que a erva poderá dar resultados tais como o aumento da taxa metabólica, a prevenção da impotência, a estabilização da pressão sangüínea e muitos outros resultados positivos.

Sir Edwin Arnold, o autor do livro sobre a vida de Buddha, *The Light of Asia*, ao escrever sobre o ginseng, afirma que "ele enche o espírito de alegria, ao passo que o seu uso ocasional acrescentará uma dezena de anos à vida humana". Se assim for, podemos todos desistir do Tai Chi e passar a tomar ginseng em vez disso, para que consigamos a saúde e a longevidade. Apelando para a autoridade dos números, ele prossegue: "Estariam enganados todos esses milhões de orientais, todas essas várias gerações de homens que cozinhavam o ginseng em panelas prateadas e louvavam os céus pelos seus diversos benefícios?" Uma coisa que vários defensores da terapia do ginseng afirmam é que, quando ele faz parte de uma dieta, o chá da Índia ou da China não deveria ser tomado. A palavra "panax" vem da mesma raiz da nossa "panacéia", que significa a cura para todas as coisas.

Viveu o professor Li Chung Yun duzentos e cinqüenta anos? Se viveu, a nossa busca da longevidade está novamente encerrada. Em 1933, a morte dele foi anunciada no *New York Times*. Funcionários chineses confirmaram a idade dele, afirmando que ele sobrevivera a vinte e três esposas. Além de se alimentar com ervas, uma paixão que durou toda a vida, relata-se que ele também atribuía a sua longevidade a "manter o coração tranqüilo, permanecer imóvel como uma tartaruga, andar alegremente como uma pomba, e dormir como um cão". Aparentemente, o professor Li não revelava todos os nomes dos seus remédios à base de ervas, mas dois deles se tornaram conhecidos. Um era o nosso velho amigo ginseng, e o outro um remédio menos conhecido chamado fo-ti-tieng. Infelizmente, para os leitores deste livro que gostariam de ter vinte e três esposas ou maridos, e que gostariam de viver duzentos e cinqüenta anos, ignoro o nome botânico do fo-ti-tieng.

O sistema urinogenitário do corpo sempre foi um ponto central para alguns teóricos do Tai Chi, e para os diversos grupos e teorias secretas mencionados anteriormente. Embora eu suponha que a maioria dos chineses e das chinesas façam amor mais ou menos da mesma maneira apaixonada da maioria do restante da população do mundo, e que o seu ato sexual passe pelos mesmos estágios, em algum lugar sempre pareceu haver ao largo uma atitude diferente, mantida relativamente em segredo no passado, mas aparecendo de quando em quando nos livros que são publicados. Parte desse segredo era a idéia de que, se os homens e as mulheres pudessem tão-somente usufruir o ato sexual e não chegar a um clímax em todas as ocasiões, eles haveriam de usufruir mais saúde e uma vida mais longa. Faz parte da tradição de algumas artes marciais chinesas abster-se do ato sexual quando o treinamento é rigoroso, de modo que a "essência vital", o Ching ou a essência do esperma, não seja dissipada. Independentemente da sabedoria presente nessas idéias, e em outras, todo método capaz de promover a saúde nos rins, na vesícula e nos órgãos sexuais sempre foi tratado com respeito, seja o que for que a ciência atualmente possa dizer sobre esse método. Um grande número de ervas foi considerado como uma ajuda nessa busca da saúde.

O nosso fo-ti-tieng é recomendado com respeito a isso, e ele é bom para a vesícula. A baga do junípero é utilizada em chás, em vinhos e óleos para os rins e para a vesícula e, já que alguns tipos de dores nas costas acompanham distúrbios nos rins, as bagas dos juníperos supostamente podem ser úteis para aliviar as dores nas costas. Outras ervas para os rins e para a vesícula são a salva, o malvaísco, a aparina e a salsa. (Recomenda-se aos leitores que não utilizem por si próprios qualquer remédio mencionado neste capítulo, mas que sempre procurem a opinião de pessoas especializadas.)

Uma das pragas do sistema reprodutor masculino é o alargamento da glândula prostática, que pressiona a uretra e impede a passagem da urina a partir da vesícula. Uma das ervas que aliviam supostamente essa enfermidade é a salsa, preparada na forma de chá. Em inglês, temos a expressão "*sowing his wild oats*",* que se refere às aventuras sexuais dos rapazes antes do casamento, de modo que talvez não seja coincidência o fato de que os chineses recomendam um extrato de aveia brava em forma de solução para fortalecer os órgãos sexuais, sobretudo depois de excessos. O ginseng surge uma vez mais nesse grupo de ervas, embora não seja o afrodisíaco de que por vezes se fala. Os chineses mais sóbrios que dele fazem uso afirmam que, consolidando pouco a pouco a saúde por meio do seu uso regular, o ginseng pode restaurar o funcionamento sexual e levá-lo a um nível mais alto.

---

* Literalmente, "semear a aveia brava" (N. do T.).

Desde a época da dinastia Tang, 618-907 d.C., o tratamento com ervas tornou-se uma abordagem médica predominante dos chineses. Hoje em dia, há muito mais médicos chineses usando as ervas só para tratar os pacientes do que há médicos fazendo uso apenas da acupuntura. A farmacopéia mais recente arrola 5.767 ervas diferentes, minerais e extratos animais.[19] Dever-se-ia fazer distinção entre o que podemos chamar de medicina do povo e medicina tradicional. Muitas das crenças populares sobre o ginseng, por exemplo, pertencem à categoria do povo. O tratamento tradicional com base nas ervas classifica-as de acordo com o seu uso, não de acordo com o seu conteúdo químico. As ervas também têm um efeito mais específico e mais imediato do que a acupuntura; esta visa a restauração da homeostase, em vez da cura específica. Isso significa que as ervas são mais poderosas, e que também podem ser mais nocivas se usadas erroneamente; mas parece haver uma série de exames acerca do uso das ervas, o que torna difícil a possibilidade de uma indicação médica errônea.

Se um estudante do Tai Chi está treinando a fim de melhorar a saúde, certa familiaridade com o conhecimento das ervas chinesas poderia ser de valia para isso. Ao mesmo tempo, visto que o uso impróprio de ervas pode ser prejudicial, aconselha-se procurar um bom e conhecido herbanário, e não contar com a automedicação.

Nos últimos vinte anos aproximadamente, uma nova apresentação das abordagens orientais quanto à alimentação e à saúde tem-se difundido no Ocidente na forma do sistema macrobiótico. O principal divulgador da macrobiótica foi o professor japonês Michio Kushi. Embora diferindo em muitos aspectos dos tradicionais pontos de vista da medicina chinesa, a base da macrobiótica é supostamente a antiga Yin-Yang Chia de filosofia. Já que tanto os sistemas chinês e de macrobiótica se baseiam nessa antiga classificação, os aspectos em que diferem devem ser conseqüência de um choque de interpretações. Desde suas origens, a macrobiótica se concentrou na compreensão da alimentação e da bebida, e na classificação delas em termos de gradações de Yin e de Yang. A esfera das suas investigações, portanto, ampliou-se em diversos exercícios, na acupressão, na psicologia e na filosofia.

Uma vez mais, nessa área, os perigos de a pessoa prescrever remédios para si própria se evidenciaram quando a macrobiótica virou moda, sobretudo nos Estados Unidos. Comer arroz "integral" ou não-polido era uma das recomendações comuns dos especialistas em macrobiótica, de vez que essa comida específica era considerada como que contendo um equilíbrio das qualidades do Yin e do Yang. Relatam-se casos de pessoas que, impondo a si próprias um regime alimentar à base de arroz integral e de água, passaram a sofrer de má nutrição. Começando aos poucos, Michio Kushi[19] tentou resgatar os clássicos chineses dando ênfase à teoria do Yin-Yang. No nível filosófico, fazia-se em profusão afirmações tais como "O Yin atrai o Yang, o Yang atrai o Yin". Várias obras do conhecimento científico ocidental foram arroladas para exemplificar afirmações que tais. Os oito trigramas e os sessenta e quatro hexagramas foram aludidos, e foram usadas citações do *Tao Te King* e de mentores religiosos, com o ocasional exemplo discutível: "A doutrina de Jesus baseou-se no mesmo princípio fundamental chamado yin e yang no Oriente."[19]

Kushi dedicou parte do seu tempo e dos seus escritos à forma espiritual e ao movimento, temas que se encontram no Tai Chi. Ele chamou a atenção para o fato de a maior parte das galáxias que compõem o universo conhecido apresentarem uma forma espiralada e, numa escala infinitamente menor, muitos fenômenos, tais como as conchas do mar, também apresentam essa forma. O ADN, que determina em larga medida a nossa aparência quando crescemos, apresenta uma forma espiralada, e talvez nos faça pensar no Chi Pré-Natal e no Ching Pré-Natal. Eles se movem em espiral? O Tai Chi reproduz essa espiral nos movimentos da pessoa? Aplicando a teoria polar do Yin e Yang a quase todas as coisas imagináveis, Kushi criou uma série de escritos surpreendentes na sua variedade, enquanto, ao mesmo tempo, simples nos seus fundamentos. Tal empresa, para ser objetivo, está além da capacidade de um homem, e haverá de requerer minucioso estudo por parte dos seus herdeiros e sucessores no sentido de que eles desenvolvam e analisem muitas das suas afirmações antes que recebam confirmações por parte da ciência. O que o grande feito de Kushi exemplifica para os estudantes do Tai Chi é que, de todas as idéias provenientes da cultura chinesa, a teoria do Yin-Yang é a mais útil para a compreensão da sua arte.

10. O Tai Chi e a Respiração

No começo de 1990, iniciei uma aula para principiantes sobre a arte do Tai Chi e, depois de alguns minutos, perguntei à classe se alguém queria fazer perguntas. Certa mulher, que era verdadeiramente uma iniciante, disse: "E quanto à respiração?" Essa foi uma boa pergunta, porque o tema da respiração aparece nos livros sobre o Tai Chi. Em resposta, eu disse o que sempre costumo dizer — que, se aprendemos as formas, se as realizamos em relaxamento e num tempo certo, a respiração cuidará de si própria. Essa é a atitude que eu adotei, por ser ela a mais natural. No reino dos animais, damos com toda sorte de movimento, e os movimentos dos animais, dos pássaros, dos répteis, dos peixes e dos insetos geralmente superaram os movimentos humanos. O que os animais possuem, e o que nós próprios já perdemos na sua maior parte, é a capacidade de não interferir nos movimentos do corpo. O Tai Chi pode ser uma das coisas que nos ajudam a desfazer essa interferência; pôr os exercícios de respiração no alto da pilha caótica que é a vida que criamos por nós mesmos equivale a nos sobrecarregar com mais problemas.

Uma razão de ordem ainda mais prática para deixar os exercícios de respiração fora do treinamento do Tai Chi é que é difícil aprender as formas. Assim como se dá com o aprendizado das formas, se um estudante tem de tentar sincronizar a respiração, controlar os músculos abdominais e prolongar ou diminuir a duração da inspiração e da expiração, ele tem muito mais coisas a tratar.

O que eu disse acima é apenas um conselho meu, porém, já que nenhuma pesquisa da arte do Tai Chi seria completa sem o delineamento da abordagem empreendida por *alguns* mestres, este capítulo se ocupará dos métodos dele pormenorizadamente. O meu "tiro inicial" disparado contra esses métodos seria referir-me aos conselhos que Yang Cheng-fu deu a Cheng Man-Ch'ing: relaxe, relaxe e então relaxe novamente, e todas as coisas seguirão o seu curso.

O papel da respiração no funcionamento do corpo dos seres humanos foi documentado por séculos, na China, na Índia, no Japão e em outros países. Essa documentação sempre esteve relacionada com disciplinas específicas tais como a cura das enfermidades, o treinamento na Ioga indiana, a busca da religião taoísta da imortalidade, e assim por diante. Se uma pessoa não está doente, não deseja se tornar um iogue indiano nem quer procurar a imortalidade, poder-se-ia, pois, afirmar que os exercícios descritos nos livros não têm que ver com essa pessoa.

Além dessas fontes, não se pode ajudar explicando o papel que a respiração desempenha na vida cotidiana. Quando meu três filhos eram pequenos, e quando por vezes eles começavam a chorar, descobri um modo simples de fazer com que eles parassem de chorar quando parecia que eles estavam chorando muito tempo. Eu lhes pedia para que assoassem o nariz, porque, inevitavelmente, se eles fizessem isso de maneira definitiva, parariam de chorar. Em tempo, cada um deles reconheceu a ligação entre assoar o nariz e parar de chorar, e, por vezes, se recusavam a assoar o nariz por saberem que teriam de deixar de lado o seu sofrimento tão logo assim fizessem, e os sofrimentos podem ser muito caros ao coração de uma criança. Todos já ouviram a expressão "respire fundo". Isso faz parte do nosso folclore, no sentido de pessoas que estão prestes a realizar uma tarefa difícil.

Uma inscrição numa peça de jade pertencente à dinastia Chou, 1027-256 a.C. aborda o ato de tomar fôlego, a expansão da respiração, a consolidação da respiração e o movimento da respiração.[20] A maioria das referências à respiração nos escritos subseqüentes a relaciona com o Tan T'ien, o ponto logo abaixo do umbigo, em que, como se diz, o Chi pode se concentrar. A função da respiração nesse concentrar-se do Chi deveria ajudar a mente no sentido de levar o Chi até esse ponto. Se o Chi pode se concentrar dessa forma, a teoria é a de que isso pode levar a possibilidades psíquicas adicionais.

A pesquisa moderna dessas teorias não avançou muito, mas uma descoberta, que está ligada às teorias sobre os efeitos anestésicos da acupuntura, foi a da endorfina. A endorfina é uma substância que acalma o organismo e o ajuda a acabar com o medo, bem como com a sensação de dor. Não se sabe ao certo como ela funciona, segundo o que é do meu conhecimento. Entretanto, a partir da pesquisa fica claro que um dos efeitos da heroína é estimular o fluxo da endorfina. É provável que uma das razões para os efeitos apaziguadores da respiração mais profunda por um período de tempo prolongado é que a endorfina é produzida em quantidades maiores quando o corpo respira dessa forma.

Um dos muitos pesquisadores modernos na área da terapia da respiração é Tadashi Nakamura, professor de psicologia clínica do Oriental Respiratory Research Institute. Ele se sentiu atraído pelo estudo da respiração como método terapêutico depois de se graduar no Sociology Department da Meiji Gakuin University no Japão, em 1962. A pesquisa dele o levou a estudar a Terapia do Grito Primal.[20] Ele também observou o uso dos exercícios de respiração profunda no sentido de ajudar os veteranos da guerra do Vietnã na recuperação de alguns dos traumas profundos que eles haviam sofrido durante o combate, e a atenção cada vez maior dada aos métodos de respiração por parte de muitos membros da profissão médica em todo o mundo. Com essas evidências, colhidas na ciência, ele se voltou para investigar tudo o que pudesse com respeito às mais antigas tradições da terapia da respiração, e depois tentou fazer uma correlação das duas coisas. Uma síntese do que ele tem a dizer seria um modo útil de reapresentar o tipo de método de respiração utilizado em alguns treinamentos na arte do Tai Chi, bem como haverá de desfazer as referências obscuras da linguagem figurada que oblitera essa tradição.

Nakamura começou mostrando que a relação entre a respiração e os estados emocionais é um fato claramente estabelecido. Quando a pessoa passa de um estado de depressão a um estado de alegria, o movimento do diafragma aumenta, e também aumenta a expansão dos pulmões. Numa experiência, algumas pessoas que sentiam depressão por causa de dificuldades financeiras foram sugestionadas pela idéia de encontrar uma grande quantia de dinheiro na rua. Imediatamente, o diafragma e os pulmões reagiram da forma mencionada. Posteriormente, a simples comparação de dados existentes mostrou que o funcionamento do pulmão alcança o ponto mais alto na maioria das pessoas em torno dos vinte anos, e que, perto dos sessenta anos, o pulmão reduz sua potência até o nível de uma criança de nove anos. Podemos, pois, admitir que o treinamento contínuo no Tai Chi, provocando a respiração profunda e relaxada, pode muito bem combater alguns dos efeitos da velhice. Sem o treinamento atlético especial e sem um trabalho com o corpo, a quantidade de ar aspirado pode ser de apenas quatrocentos cc, e com um treinamento e um trabalho semelhantes pode aumentar até três mil e quinhentos cc.

O mecanismo regulador da respiração no sistema nervoso do homem se localiza na medula espinhal, perto do occipício, onde o cérebro encontra as vértebras da espinha. A insistência, no treinamento do Tai Chi e no sistema de Alexander, na importância da relação da cabeça com a espinha está ligada a isso. Uma boa postura da cabeça e da espinha, e um bom tono muscular da região contribuem para a melhoria da respiração. Quando os monges zen se sentam por longos períodos em meditação, a posição da cabeça e da espinha desempenha um papel importante na profunda respiração abdominal que eles seguem. Os testes mostraram que, mesmo que um monge zen respire de duas a três vezes por minuto, sem esforço — uma taxa de respiração normal talvez seja de dezoito vezes por minuto —, o número de litros de ar inspirado e expirado será o mesmo.

Depois de várias experiências e comparações com respeito aos dados de outras pessoas que atuam na área, Nakamura resumiu as conseqüências de uma respiração mais profunda sobre os órgãos digestivos, sobre a circulação do sangue e sobre o sistema nervoso. Procedendo assim, ele confirmou as afirmações que foram feitas durante alguns anos, porém, na linguagem mais poética da cultura chinesa, por parte de mestres do Tai Chi. A respiração mais profunda e mais prolongada estimula o estômago, o fígado, os rins e os intestinos. Um efeito simples, porém bem-vindo, é o alívio da prisão de ventre. A respiração também ajuda na absorção das substâncias nutrientes que é feita pelos órgãos digestivos afetando vasos capilares, e promove a excreção pelos rins. O sistema circulatório é melhorado pela respiração profunda porque ela ajuda a prevenir o acúmulo de colesterol, e estimula a atividade dos glóbulos vermelhos e brancos. A absorção do oxigênio e a eliminação do dióxido de carbono procedem de modo mais eficaz.

A divisão do sistema nervoso em simpático e parassimpático, em estímulo e sedação, se regula pela respiração profunda e, com respeito a isso, Nakamura alude à presença do Ki (a palavra japonesa para Chi). Ele afirma que o Ki, no seu funcionamento, é ajudado pelo melhor funcionamento do sistema respiratório. A esta altura, Nakamura afasta-se do apoio estrito aos métodos científicos ocidentais e ao uso das análises estatísticas, e volta para as crenças dos seus ancestrais...

Depois de estabelecer as provas dos benefícios desse tipo de respiração, ele prossegue apresentando um grande número de palavras de precaução sobre o uso dos exercícios de respiração. Aqui ele faz uma clara distinção entre as pessoas normais e saudáveis e as pessoas que não passam bem. Ao falar dessas últimas, diz ele: "Quando sob controle [a respiração] as pessoas deveriam buscar continuar respirando naturalmente."[20] Entre os efeitos da terapia da respiração profunda, que podem ser adversos, a não ser que acompanhados de supervisão apropriada, encontram-se as tonturas e algumas dores, as variações nos batimentos cardíacos, a diminuição temporária no sentido do paladar, pruridos anormais na pele, gases, afrouxamento dos intestinos, emissões noturnas e a sensação de indolência. As pessoas com arteriosclerose e com hipertensão em particular devem tomar cuidado com os exercícios de respiração. Nakamura também menciona o uso da visualização dos benefícios que a pessoa espera com respeito à terapia da respiração, método utilizado pelos centros de terapia holísticos. Ele relaciona isso à concentração do Ki e ao "I" [ii], a palavra chinesa para mente.

A postura, enquanto a pessoa está de pé, ideal para a terapia de respiração é semelhante àquela utilizada por Kenichi Sawai do estilo Tai-ki-ken das artes marciais: os pés separados um pouco além dos quadris e os braços realizando um "círculo" horizontal no nível dos ombros. Nesta postura, supõe-se que ocorra um processo que é o mesmo processo encontrado na tradição chinesa do Tai Chi. O Ki "se condensa" no Tan T'ien, recebendo a influência do "I" e da respiração, e ascende até o topo da cabeça, passando pela espinha, e também baixa até a ponta dos pés.

No que diz respeito à exata localização do Tan T'ien, Nakamura menciona diversos "livros antigos", e fornece quatro localizações distintas. Uma fica a nove centímetros abaixo do umbigo, uma outra entre os rins e o próprio umbigo, uma terceira a cerca de quatro centímetros abaixo do umbigo, e a quarta na intersecção dos dois canais da acupuntura; um circulando a cintura e o outro descendo pela frente do corpo. É tentador escolher a última localização porque o caractere chinês para T'ien, *campo*, se parece com um retângulo contendo uma cruz vertical, e a pessoa sente que esse ponto crucial poderia estar relacionado com o cruzamento dos dois canais. É possível que nesse caso resistamos à tentação, e simplesmente digamos que o Tan T'ien se encontra perto do umbigo, provavelmente abaixo dele.

A principal idéia no estágio inicial dessa terapia é que durante a respiração, a pessoa tenta voltar a atenção para o Tan T'ien a fim de se livrar dos pensamentos na mente. Nakamura cita uma frase que afirma que "a atenção protege o Tanden" [a palavra japonesa para Tan T'ien]. Ele explica o benefício adicional de se concentrar no Tan T'ien salientando que ele está próximo do plexo solar, uma parte do sistema nervoso cuja tensão é a característica de muitos estados emocionais indesejáveis. Da mesma forma que a maioria dos mestres e dos estudantes do Tai Chi, Nakamura concentra quase todo o seu pensamento no Chi do Ar, que mencionamos anteriormente, e aparentemente despreza o Chi Pré-Natal e o Chi da Semente, falando do Chi como se ele fosse apenas um tipo de energia, como a água da torneira, e falando como se os seres humanos fossem um sistema de encanamento, com a água se acumulando, sendo bombeada e lançada em jatos por todo esse sistema. Além do mais, apesar das suas primeiras advertências no seu livro, ele diz coisas inteiramente irresponsáveis tais como "leve o Ki para dentro de você mesmo lentamente, através do nariz, respirando, e mantenha o Ki dentro do seu corpo. Mentalmente, você deve contar até cento e vinte, e depois respirar o ar pela boca lentamente". A prática de reter o ar por dois minutos ou mais não é aconselhável, e é justamente o tipo de coisa que devemos evitar quando fazemos exercício e quando treinamos Tai Chi. Depois disso, ele realmente extrapola essa idéia citando um antigo texto em que se lê que "você tem de repetir a prática da respiração até que seja capaz de contar até mil mentalmente". Então, todos os seus problemas estarão resolvidos porque você estará morto — dezesseis minutos e meio! A não ser, é claro, que você seja um iogue....

Deixando de lado esses dois exemplos, Nakamura tenta apresentar um pouco da doutrina relacionada com a respiração no Oriente, juntamente com as descobertas ocidentais, e ao agir assim, confirma algumas crenças tradicionais do Tai Chi. Os métodos que ele expõe são terapêuticos, e não servem para pessoas normais e saudáveis. Depois, ele utiliza a mente para mudar diretamente a respiração, contando, retendo o ar e fazendo visualização junto com esse processo. A abordagem sugerida por Yang Cheng-fu, por outro lado, vale-se da mente para fazer com que o corpo relaxe em primeiro lugar, e, depois, a respiração segue esse relaxamento; isso parece preferível, e é menos provável que cause danos.

11. O Tai Chi Hoje

Desde que comecei pela primeira vez a praticar a arte do Tai Chi, em algum momento do ano de 1968, a difusão da arte pelo mundo foi surpreendente. Naquela época, havia poucos ocidentais que ouviram falar dela, para não falar nos que a haviam visto. Pelo que sei, havia apenas duas pessoas ensinando a arte em Londres, e uma delas estava visitando a América. Deixo de lado os diversos chineses que possivelmente estavam se exercitando na sua própria arte anonimamente. Exatamente vinte anos depois, todo instituto noturno tem seu próprio mestre na arte do Tai Chi, e muitos *colleges* têm seu clubes de Tai Chi. Além disso, há um grande número de clubes particulares, e muitos professores independentes, bem como é comum haver mestres chineses em visita vindos dos Estados Unidos, de Taiuã, da China, de Cingapura e da Malásia.

O principal estilo ensinado foi o estilo Yang, mas, em anos recentes, o estilo Chen tem surgido junto com os estilos sintetizados pelas organizações atléticas chinesas. A Pressão das Mãos está se tornando mais difundida, e o Combate no Tai Chi está ganhando terreno de várias formas. Infelizmente, o Pa-kua e o Hsing-I não partilham a mesma popularidade.

Muitos clubes insistem em que os estudantes usem os trajes tradicionais chineses para o treinamento, consistindo em um jaleco amarrado por faixas e um colarinho mandarim. Outras associações permitem roupas comuns. Os dois aspectos mais importantes sobre o vestuário são as calças e os sapatos. As calças deveriam permitir liberdade de movimento — o *jeans* está descartado — e os sapatos deveriam proporcionar aos pés uma superfície plana confortável para que não haja perigo da pessoa se desequilibrar. As pessoas que treinam com os sapatos de sola grossa são uma ameaça com respeito a isso. Sapatos desse tipo podem ser totalmente apropriados para *cooper*, mas não para o Tai Chi. O sapato do Kung fu, com a sola de borracha ou de plástico, e que é muito popular entre os estudantes, também não é a minha preferência. O impacto no chão provoca um som surdo, e alguns desses sapatos podem escorregar. Comumente, uso um sapato confortável de couro com sola de borracha.

Os preços cobrados pelas aulas de Tai Chi variam muito. Os institutos que têm aula à noite são os mais baratos; porém, nas associações particulares, a pessoa pode pagar até 5 ou 7,5 libras por aula. Entretanto, professores particulares apresentam despesas gerais que não se aplicam às instituições da mesma forma. Também é certo dizer que em muitos casos o padrão dos honorários do professor nas instituições nem sempre é igual ao dos clubes particulares, onde o mestre freqüentemente está todo o tempo e tem uma longa experiência nas artes marciais. Muitas associações noturnas têm mestres que de forma alguma haveriam de ser considerados em círculos de artes marciais. Por mais que isso possa ser verdade em outras áreas e igualmente no Tai Chi, e contanto que o mestre possa realizar uma forma de modo satisfatório, não vejo motivo para não aprender com ele.

Segundo a minha experiência, o fato de alguém poder realizar bem os exercícios do Tai Chi não implica que esse alguém seja um historiador qualificado, nem um mestre em filosofia, nem médico, nem um treinador, nem um místico taoísta. Quando estamos numa relação que envolve um mestre e um aluno, nossas faculdades críticas podem se neutralizar. Se o mestre diz algo sobre o Tai Chi de modo exato e correto, e se, com a mesma sentença, diz algo sobre a medicina, a história ou a filosofia, a pessoa poderia fazer algumas reservas sobre essas últimas informações. Assim como espero que este livro tenha esclarecido alguns pontos, o mundo do Tai Chi atualmente é como um imenso armazém em que o passado se tem acumulado. Se o estudante deseja compreendê-lo, ele deve começar a separar as coisas por si mesmo.

Bibliografia

1. Fung Yu-Lan, Professor, *A Short History of Chinese Philosophy*, Macmillan, 1948.
2. *Tao Te Ching*, trad. para o inglês por C. H. Ta-Kao, Unwin, 1976.
3. *Chen Style Taiji Quan*, org. por Zhaohua Publishing House, Beijing, 1984.
4. Cheng Man-Ching, *Master Cheng's Thirteen Chapters on T'ai Chi Ch'uan*, trad. por Douglas Wile, Sweet Ch'i Press, 1982.
5. Smith, R. W., *Chinese Boxing, Masters and Methods*, Kodansha, 1974.
6. Suzuki, D. T., *Zen and Japanese Culture*, Princeton University Press, 1973.
7. Chen, Yearning K., *Tai Chi Sword, Sabre and Staff*, trad. por Stuart Alve Olson, Bubbling Well Press, 1986.
8. Ju-Pai, Dr. Tseng, *Tai Chi Weapons*, Paul H. Crompton Ltd., 1982.
9. Sawai, Kenichi, *Taiki-Ken*, Japan Publications Inc., 1976.
10. Stevens, John, *Abundant Peace*, Shambhala, 1987.
11. Chung-yan, Chang, *Creativity and Taoism*, Wildwood House, 1975.
12. Shchutskii, I. K., *Researches on the I Ching*, Routledge, 1980.
13. *Sources of Chinese Tradition*, volume 1, org. por William Theodore De Bary, Columbia University Press, 1960.
14. Needham, Joseph, *Science and Civilisation in China*, volume 2, Cambridge University Press, 1956.

15. *I Ching*, trad. por Richard Wilhelm, Routledge, 1965.
16. Kaptchuk, T., *Chinese Medicine: The Web That Has No Weaver*, Rider, 1983.
17. *The Yellow Emperor's Book of Internal Medicine*, trad. por Ilsa Veith, University of California Press, 1972.
18. Cheng, Man-Jan, *Lao Tzu: My Words Are Very Easy to Understand*, North Atlantic Books, 1981.
19. Kushi, Michio, *The Book of Macrobiotics*, Japan Publications Inc., 1977.
20. Nakamura, Tadashi, *Oriental Breathing Therapy*, Japan Publications Inc., 1977.

Glossário

Aikidô — Uma arte marcial japonesa que emprega os movimentos do corpo que, em algumas posturas, se parecem com os movimentos da Pressão das Mãos do Tai Chi.

A Arte da Guerra — Um livro seminal de data incerta que contém idéias sobre a guerra e que provavelmente influenciou todas as formas de artes marciais da China (Sun Tzu, Trad. de Thomas Cleary, Shambhala Publications, 1988).

Budismo Ch'an — Uma forma do Budismo peculiar à China, que enfatiza a experiência imediata da realidade em vez do pensamento, e que se baseia na combinação do Taoísmo e do Budismo.

Chen — O nome da família que criou o estilo Chen do Tai Chi; esse estilo é mais variado em termos de velocidade, de postura e de técnicas de combate do que qualquer um dos outros estilos.

Chi — Energia Vital, energia intrínseca, vitalidade que acompanha as atividades de toda a vida.

Chi KUNG [QI GONG] — A arte e a ciência de cultivar o Chi nos seres humanos; comumente predominante no tratamento de doentes na China.

Ching [Jing] — Uma energia vital reconhecida pela tradicional medicina chinesa e diretamente relacionada com o crescimento e com o desenvolvimento dos seres humanos.

Os Cinco Animais — Uma antiga forma do Chi Kung que utiliza os movimentos imitados dos animais, por exemplo: o tigre, o cervo, o urso, o macaco, a garça, para gerar a saúde e a longevidade.

Os Cinco Elementos — A terra, o fogo, a água, o metal e a madeira, todos esse elementos apresentam as cinco fases por que passam supostamente todos os processos; uma idéia complexa e não raro controvertida.

Os Fluidos — A mais "Yin" de todas as substâncias no corpo humano reconhecida pela medicina chinesa tradicional. Essas substâncias incluem a urina, o suor e a saliva.

Forma — As seqüências de movimentos ininterruptos utilizadas no Tai Chi para exercitar o corpo, estudar as posturas e cultivar o Chi.

Hsing-I — Uma das três principais artes marciais interiores da China. Ela se vale de uma extensa gama de movimentos animais e é a mais vigorosa das três.

I-Ching — Antigo livro de adivinhações, que contém longos comentários e interpretações que influenciaram profundamente a cultura chinesa.

Nei Chia — Expressão que significa "escola interior" [de artes marciais] que muitas vezes foi usada, provavelmente de modo errôneo, para descrever o Tai Chi.

Pakua [Bagua] — Expressão que significa "oito trigramas". Nas artes marciais, ela se refere a uma forma de combate e de treinamento que supostamente se baseia nos símbolos encontrados no I-Ching. Trata-se de uma das três principais artes marciais interiores da China.

Postura — Termo equívoco que sugere uma pose estática nas formas do Tai Chi. Na verdade, as "posturas" são simplesmente movimentos distintos encontrados numa forma.

Pressão das Mãos — Exercício que envolve duas pessoas utilizado no treinamento do Tai Chi para desenvolver o senso da relação mútua entre Yin e Yang, o recuar e o pressionar.

Sangue — Termo usado na tradicional medicina chinesa para descrever não apenas o sangue no sentido ocidental, mas também várias funções que ele desempenha.

Shen — A energia mais superior que faz parte dos seres humanos de acordo com a tradicional medicina chinesa. Essa palavra tem sido traduzida como "espírito".

Sun — Estilo do Tai Chi inventado por Sun Lu-T'ang; praticamente, não existe mais.

Taiki-Ken — Palavra japonesa que traduz Tai Chi Chuan, e também nome de um estilo de combate ensinado no Japão que se baseia nas artes marciais interiores da China.

Taoísmo — Uma forma de filosofia chinesa e de autodesenvolvimento.

Tao Te King — Livro de sabedoria taoísta, popularmente atribuído ao sábio Lao-Tzu, porém mais provavelmente uma compilação dos escritos de várias fontes.

Trigrama — Um arranjo de três linhas paralelas interrompidas e contínuas denotando a energia do Yin ou do Yang; essas linhas estão combinadas em pares para formar os hexagramas (seis linhas) do I-Ching.

Wu — Nome da família que criou o estilo Wu do Tai Chi.

Wushu — Expressão que significa "artes marciais" e que é preferida geralmente pelos puristas em lugar do uso ocidental, mais bem conhecido, da palavra Kung-fu.

Yang — Nome da família que criou o estilo Yang do Tai Chi, atualmente o mais conhecido fora da China.

Yin-Yang — Divisão fundamental das forças em pares opostos: masculino-feminino, treva-luz, recuar-avançar. Nome de uma escola de filosofia chinesa.

Zen — O budismo Ch'an foi introduzido no Japão durante um período de tempo, criou raízes e se desenvolveu junto com os padrões japoneses e se tornou conhecido como Zen-Budismo.

Paul Crompton estudou Tai Chi e outras artes marciais por mais de vinte anos, e foi professor de Tai Chi cerca de quinze anos. Foi o fundador da revista *Karate and Oriental Arts*, em 1966, e publicou setenta livros sobre as diversas artes marciais, bem como três fitas de vídeo complementares sobre Tai Chi, Karatê e Kung Fu.

T'AI CHI CH'UAN E I CHING
Uma Coreografia do Corpo e da Mente
Da Liu

Embora suas raízes estejam na antiga China, o T'ai Chi Ch'uan é muito indicado para os ocidentais, pois tem a vantagem de combinar os exercícios regulares com uma ênfase bem-definida na harmonia dos gestos e no ritmo lento, qualidades de que o mundo ocidental é tão carente. O T'ai Chi Ch'uan pode significar para os que vivem no ritmo alucinante das cidades industrializadas um fator de compensação. Ele relaxa a mente assim como o corpo; auxilia a digestão, acalma o sistema nervoso, é benéfico para o coração e para a circulação sangüínea; mantém flexíveis as articulações e rejuvenesce a pele.

Com o T'ai Chi Ch'uan podemos entrar em sintonia com o fluxo constante das mutações do Céu e da Terra — os princípios passivo (*Yin*) e ativo (*Yang*) da filosofia chinesa. À medida que esses movimentos são aprendidos e realizados com maestria, compreende-se por que os movimentos externos de um corpo saudável surgem naturalmente de uma mente disciplinada e iluminada.

Tanto o T'ai Chi Ch'uan quanto o I Ching permitem que a pessoa encontre a mais preciosa das jóias: a natureza do Tao. E fazem isso revelando os segredos da Circulação da Luz, a circulação da energia psíquica na meditação. O T'ai Chi Ch'uan e o I Ching são chaves por meio das quais a filosofia teórica do Taoísmo pode ser convertida num caminho prático de conhecimento.

Ilustrado com 74 fotografias, este livro é indicado para todos os que querem conhecer e seguir um caminho de saúde física e mental de comprovada eficácia.

EDITORA PENSAMENTO

TAI-CHI CHUAN –
Arte Marcial, Técnica da Longa Vida

Catherine Despeux

O Tai-chi Chuan — ou Taiji quan — classificado pelos chineses entre as artes marciais, tinha na antiguidade chinesa um significado mais amplo que o atual e indicava igualmente a força de uma pessoa, sua bravura e habilidade.

A partir do século XX, porém, foi mudando de natureza e passou a ser cultivado, tanto na China como no Ocidente, com dois objetivos principais: como disciplina psicossomática e como arte marcial, embora sob este último aspecto seja menos conhecido no Ocidente.

Definido modernamente como "a arte da meditação em movimento", os movimentos flexíveis e lentos do Tai-chi Chuan promovem a harmonização das energias Yin e Yang através da coordenação entre consciência e respiração, libera as tensões corporais, e seu efeito terapêutico se faz sentir tanto sobre a saúde física como sobre a saúde mental.

Além disso, por utilizar e desenvolver a energia interior, essa antiga arte marcial se aparenta com as técnicas taoístas de longevidade, razão pela qual também é chamada de "a arte da longa vida".

EDITORA PENSAMENTO

Outras obras de interesse:

O LIVRO BÁSICO DOS CHAKRAS
Naomi Ozaniec

TAI-CHI CHUAN – Arte Marcial, Técnica da Longa Vida
Catherine Despeux

T'AI CHI CH'UAN E I CHING
Da Liu

T'AI CHI CH'UAN E MEDITAÇÃO
Da Liu

CH'I – ENERGIA VITAL
Michael Page

T'AI CHI CH'UAN PARA A SAÚDE
Martin e Emily Lee – Joan Johnstone

TAO E O T'AI CHI KUNG
Robert C. Sohn

AIKIDO – O Caminho da Sabedoria
Wagner J. Bull

HARA – O Centro Vital do Homem
Karlfried Graf Dürckheim

O SEGREDO DE ACERTAR NO ALVO
Jackson S. Morisawa

O ZEN NA ARTE DE CONDUZIR A ESPADA
Reinhard Kammer

O ARQUEIRO ZEN E A ARTE DE VIVER
Kenneth Kushner

O ZEN NAS ARTES MARCIAIS
Joe Hyams

SHAMBHALA – A Trilha Sagrada do Guerreiro
Chögyam Trungpa

EXERCÍCIOS CHINESES PARA A SAÚDE
Dr. Cho Ta Hung

Peça catálogo gratuito à
EDITORA PENSAMENTO
Rua Dr. Mário Vicente, 374 – Fone: 272-1399
04270-000 – São Paulo, SP